푸른 외출

```
국립중앙도서관 출판시도서목록(CIP)

푸른 외출 : 김귀선 에세이집 / 글쓴이: 김귀선. — 서울
: 북랜드, 2018
  p.208 ; 135×195cm
표제관련정보 : 김귀선의 창작·창작적인 에세이
ISBN 978-89-7787-799-3 03810 : ₩10000

수기(글)[手記]

818-KD06
895.785-DDC23           CIP2018023188
```

김귀선 창작·창작적인 에세이

푸른 외출

인쇄| 2018년 8월 05일
발행| 2018년 8월 10일

글쓴이| 김귀선
펴낸이| 장호병
펴낸곳| 북랜드
　　06252 서울 강남구 역삼동 832-7 황화빌딩 1108
　　대표전화 (02) 732-4574 | (053) 252-9114
　　팩시밀리 (02) 734-4574 | (053) 252-9334

등록일| 2000년 11월 13일
등록번호| 제2014-000015호
홈페이지| www.bookland.co.kr
이-메일| bookland@hanmail.net

책임편집| 김인옥
교　　열| 배성숙 전은경

ⓒ 김귀선, 2018, Printed in Korea
저자와의 협의하에 인지를 생략합니다.

ISBN 89-7787-799-3 03810
값 10,000 원

푸른 외출

김귀선의
창작·창작적인 에세이

북랜드

작가의 말

밖은 불볕더위다. 점심을 먹는다. 김치항아리에서 방금 건진 시큼한 풋콩잎을 왼손바닥에 편다. 콩잎 위에 밥 한 숟갈을 놓는다. 손 사이로 흐르는 국물을 닦으며, 양파와 땡초를 다져 끓인 빡빡장을 얹어 쌈을 싼다. 입안 불룩하게 씹는다. 이 환상적인 맛, 뒤안 툇마루에서 먹던 한여름의 맛이다. 이맘때쯤 당수나무 숲엔 매미가 자지러지고, 그 아래서 어른들은 주로 낮잠을 즐겼지. 정강이까지 말려 올라간 삼베옷, 테두리 헌 밀짚모자, 그 위를 오르내리는 왕개미도 어른거린다. 한낱 풀잎일 뿐인 콩잎에서 어릴 적의 여름이 풍성하게 풀어져 나온다.

문학이란 내게 삭힌 풋콩잎 같다. 보잘것없다고 여겼던 지난 날들, 아프고 부끄럽고 아쉬웠던 일들이 별미로 다가온다. 잘 발효된 문학의 맛이다.

여러 해 동안 문학을 공부한다며 이곳저곳을 기웃거렸다. 그중 창작 공부는 소중한 경험이었다. 쉬이 제 모습을 보여주지 않은 창작에 몇 번이나 주저앉기도 했다. 삼 년 동안 대전을 오가며 몰두한 창작에세이 평론 공부는 나의 수필문학에 있어 커

다란 전환점이 되었다. 예술이란 노력의 대가만큼 결실을 준다는 것도 뼈저리게 느꼈다. 창작 공부에 집중했던 지난 시간이 내겐 값진 추억으로 남을 것 같다.

문학에 푹 빠져 있는 동안 작품 수도 늘어났다. 하지만, 쏟아져 나오는 수필집을 보면서 글을 묶는 일에 고민했다. 특별할 것도 없는 내 글을 엮느라고 아까운 종이만 낭비하는 건 아닐까, 책장에 꽂아두기는 무의미하고 그렇다고 버리기엔 미안한 내 책을 보며 독자가 고민하는 건 아닐는지 갈등했다.

독자를 의식하기보단 공부한 흔적을 남겨보는 일이라 여기며 어설프나마 그동안 쓴 작품들을 선별해 보았다. 다양한 형식엔 실험성도 포함한다. 인간의 근원에 접근해 보려 노력했다. 그러면서 표현방식은 기존 수필의 틀을 벗어나려 고민했다.

묵묵히 지켜봐 준 가족, 특히 물심양면으로 지원해준 남편에게 고마움을 전하고 싶다. 문학의 길로 이끌어주신 장호병 한국수필가협회 이사장님, 열정으로 창작을 지도해주신 이관희 선생님은 잊을 수 없는 분이다. 그리고 꾸준히 함께한 문우님들을 비롯하여 넘어질 때마다 서로 버팀목이 되어준 창작에세이 대구 문우들에게도 이 자리를 빌어 감사를 드린다.

2018년 7월
김 귀 선

차례

| 작가의 말 |

1 동행

도마 — 12
더듬는 여자 — 16
비닐 속의 남자 — 21
몸 — 27
접붙기 — 33
고목이 피운 꽃 — 39
동행 — 44
푸른 외출 — 48
구름 — 53
숙변 — 57

2 달이 웃다

꽃잎과 꽃받침 — 62

두드러기 — 67

꽃바람 — 70

달이 웃다 — 75

우린 방귀예요 — 80

바우아재 — 84

닭싸움 — 89

고사리 — 95

방 — 100

사소한 슬픔 — 104

3 그 골목

별―로체스터 __ 110
비밀 동굴 __ 115
그 골목 __ 119
호박 __ 123
선녀탕 풍경 __ 129
낮달 __ 134
문 __ 140
신 판소리 열녀가 __ 143
아버지의 가슴 __ 148
꽁초 __ 152

4 호미질소리

통증 — 160
오해에게 — 166
아버님의 낙원 — 170
꽃 — 175
피지 — 179
꽃잎들의 이벤트 — 183
호미질소리 — 187
옛날이야기 — 192
집 — 197
근원을 맛보다 — 203

1부 동행

도마

　밖은 찬바람이 부는 늦가을 날이었다.
　주방에 퍼질러 앉아 엄마가 쓰던 도마 위에서 물가자미를 다듬는다. 칼로 비늘을 긁자 거뭇한 침묵이 차례로 쓸려간다. 사방으로 흩어지는 희미한 시간, 도마는 움푹한 몸으로 맥없이 떨어져 나온 푸르렀을 적 추억을 한껏 보듬어 안는다.
　탄탄한 플라스틱 도마와 평평한 나무 도마가 있지만, 나는 친정 빈집에서 들고 온 움푹한 도마를 싱크대 안쪽에서 끄집어낸 것이다. 어떠한 칼날도 마다치 않고 유연하게 척 받아들이는 품새가 물가자미 같은 생선을 다듬을 때는 더욱 편안함을 주기 때문이다.

 찬바람이 불면 산골 친정 마을 사람들은 이고 간 곡식 대신 물가자미를 몰고 왔다. 오늘은 이 집, 내일은 저 집 마치 차례를 정한 듯이 돌아가며 물가자미회를 해놓고 이웃을 불렀다.

 '똥똥똥' 엄마의 도마소리에 탄력이 붙으면 윗집 당숙의 헛기침 소리가 삽짝을 들어섰다. 태풍에 허리가 꺾인 앞밭 고목의 돌감나무로 도마를 만들어줬다던 아랫집 병욱이 아재가 담배 연기를 흩뿌리며 오셨고, 대숲 건너 큰아버지가 마른 손을 부비며 문지방을 넘어오셨다. 해바라기처럼 놓인 살점을 두고 병풍처럼 어른들은 둘러앉았다. 방 윗목의 농주 버지기엔 조롱박이 동동 떠 있었다. 입가에 흐르는 막걸리를 닦으며 어른들은 젓가락이 휘어지도록 입안으로 물가자미 무침회를 집어 날랐다.

 물에 씻긴 말간 살갗들을 다시 도마 위에 누인다. 살갗 속의 등뼈가 선명하다. 달이 훤한 밤, 창호지에 비친 외가 닥 문살 같다. 어디선가 '뜨르르' 문풍지 소리가 난다. 한지 만드는 일로 생계를 이어갔던 친정 동네이다. 끊이지 않던 닥방망이 소리가 산골 골안개로 유영하다 가자미로 환생한 걸까. 빗살 거느린 지느러미가 고향의 겨울 산마루 끝을 닮

앉다.

 한 마리를 당겨 놓고 아가미 부근에 칼날을 얹는다. 힘을 주자 머리가 썩둑 잘려나간다. 검붉은 핏물이 도마의 터실 터실한 결속으로 스며든다. 방금 찧은 봉숭아 꽃물 같다.

 웃밭골 명화가 생각난다. 골목에 쪼그리고 앉아 봉숭아 꽃잎을 돌멩이로 찧어 내 손가락에 칭칭 감아주었던 동생이다. 감기인 줄 알았던 뇌종양에 열두 해도 못 넘기고 먼 길 가버린 명화다. 칼날에 묻은 핏물을 보는데, 명화의 혼을 달래던 날 '둥둥' 천지바위 골을 울렸던 북소리가 들리는 듯하다. 넋 잃은 명화 엄마의 눈빛도 떠오른다. 그 모습을 애써 뒤로 한 채 아릿하게 나를 흔들던 봉숭아 꽃물을 장맛비 같은 수돗물로 멀리 떠나보낸다.

 봉숭아 꽃물이 어려 있는 도마에는 논마다 물을 대어주던 꼬불꼬불한 도랑물, 술주전자를 들고 심부름 갔던 아슬아슬한 논둑이 물가자미의 창자에서 길이 되어 흘러나왔다. 천수답에 소 부리는 소리, 바람이 앞산을 넘는 소리, 뒷골 절터의 고목이 낡은 가지를 내려놓는 소리까지도 움푹한 도마 안에서 들리는 듯하다.

 머리 잘린 목어가 내게 온 듯 이제 도마 위엔 뭉텅한 물가자미 몇 마리 나른하게 누워 있다. 정 고일 곳 하나 없는 말끔한 도시 건물의 모습이다. 수많은 칼날을 견뎌온 도마가 그런 목어를 가슴으로 품는 듯 도마와 가자미 사이에 잠시 정적이 흐른다.

 행주에 손을 닦는다. 미끄덩거리는 몸통에 왼손 끝을 모아 심지로 박는다. 달아나려는 고향을 잡듯 힘껏 움켜쥔다. 칼이 움직일 때마다 목어는 푸르렀던 시절 생각에 목이 멘 걸까. '찌꺽찌꺽' 된소리를 낸다.

 내 칼에 다 썰린 물가자미를 양재기에 담아 놓고 무채를 썬다. 귀에 익은 도마소리가 엄마의 음성인 양 정겹다. 그것은 소리가 소리를 딛고 그리움의 바다 속을 헤매는 시간.

 무 냄새 섞여 나는 도마를 들여다본다. 순한 산봉우리 두르고 있는 내 고향의 모습 같다. 움푹하다고 한동안은 얼마나 불편해했었던가. 하지만, 이제 가자미들이 남긴 빗금마저 내게 따스함으로 전해오는 도마다. 푸근함과 넉넉함, 바로 잃어버린 옛 고향이 거기 있었다. 오늘처럼, 뜬금없이 찾아오는 지난 시절을 위해 햇빛에 잘 말린 고향을 다시 싱크대 안 깊숙이 넣어 둔다.

더듬는 여자

　소문이 자자하다는 경락마사지사를 만난 곳은 시골 좁은 방안이었다. 마사지사는 오십 대 중반의 키가 나지막한 여자였다. 이런저런 자투리 말을 걸며 혈맥을 찾아 압을 주던 그녀가 눅진한 음성으로 의미 있는 말 줄기 하나를 건넸다.
　"초등학교 동창회 가보신 적 있나요?"

　(무슨 얘기를 하려는 거지? 그건 그렇다 치더라도 어떻게 저런 수더분한 모습으로 손님을 대할 수 있을까. 머리를 뒤로 묶든지 아니면 머리띠로 거둬 올리든지 하지 회오리가 한바탕 지나간 듯 다 풀어진 파마머리로 너저분하니.

대놓고 말을 할 수는 없고 아까부터 참고 있었는데. 매끄럽지 않은 단어 사용도 그렇고 아무리 봐도 유학했다는 소문은 아닌 것 같아.)

"저는 오십 중반이 넘은 올해에 처음으로 가봤어요. 예전엔 갈 생각을 아예 못했는데 친구들이 하도 조르기에 갔었지요. 근데 좀 야릇한 감정을 느꼈어요. 한 남자친구에게서 고백을 받았거든요. 이 나이에도 이성을 좋아할 수 있는 그런 감정이 정말 있을까요?"

(아니! 이 아줌마가 뭔 내숭은. 좋으면 좋다고 솔직하게 말하면 될 걸. 오십 고개 넘은 나이에 척 하면 삼척인 줄 모르는 모양이지. 안 그래도 경락 통증에 기가 넘어갈 판인데 눈치도 없이 이성 자랑질이라니. 그것도 느끼하게 빙빙 둘러대면서. 오직 자신만이 진중한 고백을 받은 듯 착 가라앉은 목소리로 무게를 주려 하는데 그런 고귀한 사랑 얘기 한두 번 들어본 것 아니거든. 그나저나 최근에 동창회를 갔다는 걸 보니 그동안 분명 남편이 못 가게 했나 보다. 참말로 동창회도 못 나왔을 정도로 바깥출입이 어려웠다면 유학 이야기는 더 믿기 어렵구먼.)

"우리 옆 동네 살았다는 것밖에 모르는 남자친구인데 걔는 나를 아주 선명하게 기억하고 있었어요. 그 친구 집이 아주 못살았거든요. 초등학교도 겨우 나왔는데 사람 팔자 알 수 없더라구요. 지금은 빌딩을 몇 개 가지고 있다면서 겉모습만 봐도 부티가 납디다. 그날 찬조도 제일 많이 했더라구요. 내가 동창회 참석한다는 소문을 듣고는 일찌감치 식당에 와서 눈이 빠지게 기다리고 있었대요."

"아! 예."

(여자들이 자랑하는 남자친구란 하나같이 성공하고 멋있고 여자에게 잘해 주지. 자기만의 행운인 양 황홀해하지만, 그건 연애 공식에 대입되는 절차일 뿐이라 했는데……. 통증에 찡그리는 모습 보면 모를까. 남의 남자 자랑 듣고 싶은 기분 아닌데 상대방 입장도 좀 생각해 주시지.)

"금방 내 옆에 올 수가 없었다네요. 내가 도착하자마자 몇 남자 친구들이 내게 딱 붙어 있어 가까이 오려 해도 못 왔다고 합디다. 노래방에 가서야 슬그머니 옆에 앉더니 그 말을 하더군요. 고백하려 마음을 단단히 먹고 왔다는 것이 느껴지더군요. 고등학교 교복을 입은 내 모습이 자기 가슴에 깊게 남아 있다고 하면서 지금도 내 모습이 그대로라고 하더군요. 희한했어요. 고막이 찢어질 것 같은 와중에도 그 말소리만은 선명하게 들렸어요. 별일도 다 있습디다."

"정말 멋있는 친구네요. 첫사랑을 못 잊는 남자가 있다더니 친구 분이 그런 분인가 봐요."

(여기 착각녀 또 하나 있네. 듣는 내가 부끄러워질라 한다. 이마를 치뜰 때마다 밭고랑 같은 주름은 어떻고. 눈 닦고 봐도 호감 가는 구석이라고는 전혀 없어 당최 이해가 되지 않는데. 남자들은 다 늑대라더니 달콤한 말로 꼬셨구먼. 늦바람나기 딱 맞아. 얼른 착각에서 벗어나야 할 건데. 에휴 이 얘기 언제 끝나지.)

"그런데 참 그런 여자들 있잖아요. 모든 남자들이 자기를 좋아할 거라고 착각하는 여자요. 우리 친구 중에도 괜찮은 남자친구라면 죄다 자기가 독차지해야 직성이 풀리는 그런 애가 있는데 몸매도 참하고 얼굴도 이뻐요. 걔가 우리 옆에서 자꾸 얼쩡거리는 거라요. 그 남자친구와도 만나고 지낸 지 오래된 모양입디다. 내가 불편해하니까 남자친구하는 말이 자기는 마음을 주고받는 진정한 이성을 두고 싶다고 하대요. 그 소리를 들으니 우리 오빠 말이 생각납디다. 오빠가 혼자 살거든요. 오빠와 아주 가까이 지내는 언니가 있어서 그 언니와 결혼하는 게 어떠냐고 물었더니 '걔는 노는 여자 아이가' 하대요. 남자들 세계는 그런가 봐요. 깜짝 놀랐어요."

"아~~~예~~~"

(그럼 자신은 아주 괜찮은 여자라 그 말이네. 이제껏 자랑하고 싶어 어떻게 참았을꼬. 참말로 걱정된다.)

경락을 마치고 문지방을 넘으려는데 낭창한 그녀의 몇 마디가 내 등골을 타고 흘렀다.

"들어줘서 넘 고마워요. 이런 얘기 아무한테나 못 하겠습디다. 다들 남의 얘기 맞장구치며 들어주는 척해놓고선 뒤에서는 온갖 흉 다 보더라구요."

순간, 나는 발을 헛디뎌 마당으로 나동그라졌다.

비닐속의 남자

 야야 신랑 출근하고 없는 거 맞제. 오늘은 일찍 볼일 없으며 설거지 이따 하고 내캉 수다나 좀 떨자. 요런 얘기 아무한테나 할 수도 없고 그냥 있을라카이 자꾸 입이 간지러버서 호호 너거 신랑 대문 나서는 시간만 기다렸다 아이가. 애달구로 전화는 와 그리 빨리 안 받노. 벌시러 니도 집 나가 뿐 줄 알았다. 급하기는 결론부터 말해뿔면 재미없제. 잘 들어보라카이.
 어제 내가 아는 집에 집들이 간다고 안 카더나. 그래가 우리 집 앞에 높은 건물 일층에 있는 마트 알제. 그기서 휴지를 샀거덩. 같이 갈 언니야들이 제일 존 거 사라고 해서 30

롤짜리 중에도 최고급으로 샀다 아이가.

　약속 시간을 기다리는데 화장실이 가고 싶데. 우야겠노. 할 수 없이 휴지 박스를 들고 건물 공동 화장실에 들어가서 볼일을 봤거덩. 근데 참말로 황당해가. 와 그 고급 화장실에 휴지가 없겠노. 아무리 둘러봐도 휴지가 안 보이는 기라. 내 가방 속을 훌러덩 뒤집어 봐도 휴지 빈껍데기만 있고 하이구 사람 난감하게 하데.

　그땐 화장실에 오는 사람도 그케 없노. 혹 부탁할 사람이라도 오나 카미 문 쪽으로 걸어가서는 밖을 내다보느라 구부렸다 섰다를 몇 번이나 했제. 쩔쩔매고 있는 아줌마를 한번 상상해봐라. 그것도 궁디에 바지 반쯤 걸친 채 어거정거리며 이리저리 살피는 모습을. 하이구 그게 우습나. 숨 넘어가겠다. 야야 혼자 있으믄 무슨 짓을 못 하겠노. 안 그렇나? 니가 지금 넘어가싸미 웃는 기 무신 뜻이겠노 참말로. 우스븐 게 문제가 아이다 카이.

　'3겹 에어 엠보싱. 도톰하고 부드러워요.'

　요렇게 쓰인 30롤짜리 최고급 휴지가 바로 내 코앞에 한 박스나 있다는 거 아이가. 참내 그럴 땐 우째야 되겠노. 뻔이 보고서도 쓸 수 없는 그 심정이 어떻겠노.

　급했으면 찜찜해도 그냥 바지 후다닥 올리고 나갈 낀데

시간까지 넉넉하니 미련이 자꾸 생기는 거 있제. 변기에 천연덕스럽게 걸터앉아가 저 비닐 속의 휴지를 감쪽같이 조금만 쓸 수 있는 방법은 없을까 하고 고거마 생각해지더라카이. 맨손으로 표시 안 나게 쓸 수 있는 방법은 아무리 봐도 없는 기라. 고마 고때는 면도칼이 있었으므 딱 좋겠더라 아이가. 표시 없이 싸악 그어서는 몰래 좀 빼 쓰고는 바로 옆 마트에 가서 유리 테이프 있잖아. 고거로 싹 붙이 뿔면 표시 항개도 안 나는데. 근데 면도칼이 있을 리 만무하제.

우예 뜯어볼까 하고 비닐 박스를 뒤집어도 봤데이. 그기도 안 되겠더라. 밑바닥을 넓게 겹쳐 봉해 놔서 뜯다가는 비닐이 늘어나 우글렁해져서 금방 표시가 또 나겠더라카이. 뾰족한 방법이 없으면서도 이래저래 잘하면 뭔가 우찌 될 것도 같으이까내 짐짐 애만 다는 거 있제. 희얀하데 그만한 일로 가슴까지 답답해질라 카더라카이.

아이구 니 말따나 까짓꺼 고마 확 뜯어 써 뿔 수도 있제. 말은 그캐도 니도 당해봐라 그래 되는강. 휴지 몇 조각 쓰자고 그 큰 박스를 건드리기엔 갈등이 일어나더라 야야. 그케 되믄 휴지를 다시 사야 하고 헐은 박스는 종일 들고 다니든지, 아이면 집에까지 갖다 놓든지 해야 하는데 일이 복잡하게 된다 아이가. 거어다가 우리 집 화장실에는 휴지 당기면

두루룩 소리 나는 뚱그런 큰 롤 있제 그거 쓰이까내 그냥 작은 휴지는 쓸 데가 없거덩. 집 복잡한데 글거치기만 하지.

　이런저런 생각을 하미 멍하게 해가 비닐 박스만 쳐다보고 있었데이. 그카는데 참말로 비닐 안의 휴지가 와 남자 얼굴로 보이겠노. 내가 니한테 안달하며 전화하고 싶은 이유가 바로 요거라카이. 아이구 희얀하게 꼭 맞더라. 마음에 들어도 함부로 어떻게 할 수 없는 그런 외간 남자 있잖아. 니도 보이 그렇제. 내숭 떨지 말고 곰곰이 한번 생각해 바라. 상상하는 거야 얼마든지 할 수 있다 아이가. 야야 우리 신랑들도 속에 무슨 생각을 하고 있는지 우예 알 끼고. 자기들은 몰래 카면서 마누라 이런 생각하는 거 알머 또 찜찜해 카겠제. 그카이 요런 말은 남편하고 아무리 편한 사이라 해도 함부로 말하믄 괜히 빌미 주는 거 되겠더라 카이. 그래서 사람마다 할 얘기가 따로 있는 기라. 안 글나? 내 말 맞제.

　어제 화장실에 앉아 비닐 속에 든 휴지를 보는 기 그거 있잖아 한 번 정 주고 싶은 사람 있어도 뒷일 겁이 나 그저 바라보기만 하는 꼴이더라 카이. 하기사 마음 가는 남자 있으면 무작정 연애할 수도 있겠지. 하지만 칼날에 묻은 꿀을 혀끝으로 핥아 먹는 일이다 아이가. 니도 알잖아. 연애하다가 고마 들키가 위자료 한 푼 못 받고 얼마 전에 이혼당한

개 알제. 한참 동안 신랑이랑 사니 못 사니 시끄러웠잖아. 지는 죽어도 그런 일 안할 것처럼 중년 사랑 이야기 나오면 불륜이라고 펄쩍 뛰더니 나중엔 머 진정한 사랑 운운하면서 애인 자랑까지 하고 안 그래샀터나. 하기사 연애하는 기 죄가 아니고 들키는 기 죄라 카더라만도. 어쨌든 뒷일 복잡한 거 아이까내 그 친구처럼 덤벙 달라들어 연애할 수 없제. 내가 어제 처한 상황이 꼭 그 축소판이더라카이. 머? 내가 실제 그런 상황에 처한 것은 아니냐고.

니도 생각해 바라. 일태로 결혼 후에 연애하고 싶은 적 한 번도 없었다 카머 그 여자는 솔직하지 않는 거 맞제. 꼭 불륜 이야기만 말하는 기 아이다 카이. 가능성을 떠나서 미남 배우 보면 저 남자랑 한 번 가까이 해 보고 싶다는 생각은 하잖아. 어제 내 앞의 휴지에 비하자면 이 나이에 젊은 미남 배우 운운하는 건 방탄유리 속에 든 휴지를 탐내는 정도 아니겠나. 하하 문제는 비닐이라는 것이제. 비닐 속의 남자라는 말이 무신 뜻인지 대강 감이 잡히제. 갈등은 가능성이 있을 때 하는 거라 안 카나.

파란 꽃무늬 다문다문 찍힌 휴지가 어제 얼마나 나를 애달구던지. 언제든지 꺼내 주기만 하면 술술 풀릴 준비가 되어 있다는 듯이 고급휴지는 또 마무리 부분도 와 그래 쉽게 풀리도록 해놔겠노. 우째 표시 없이 비닐을 자를 수만 있다면 양심에 쪼매 찔리기는 하지만, 간절히도 필요한 고 때 조금만 쓸 수 있을 건데. 생각해 바라. 답답하던 가슴도 확 안 풀리겠나. 순간이지만, 기분은 참말로 달콤하겠제.

그라고 보면 우리 중년 주위는 비닐 속의 남자가 수두룩한 기라. 하하 어제 그 상황에 니 같으믄 우째 했겠노.

몸

　조심스럽게 옷을 벗긴다. 두툼한 스웨터와 꽃무늬 고무치마, 양말을 차례로 걷어낸다. 앞트임 없는 윗옷은 뒤집듯 위로 올리고 돈 주머니가 매달린 분홍색 속바지는 아래로 끌어내린다. 이어 겹쳐 입은 두 개의 내의를 분리하려다 한꺼번에 벗겨낸다. 마지막으로 펑퍼짐한 속옷을 방바닥에 내려놓자 찰기 빠지고 늘어진 노모의 나신만 남는다.
　욕조 물에 몸이 불릴 동안 먼저 얼굴을 씻긴다. 이마의 주름이 고른 밭고랑 같다. 묵정밭에 듬성듬성 거름 무더기를 널어놓은 듯 버짐이 얼룩얼룩하다. 한 여자의 세월이 무서리 맞은 수숫대로 고스러져 있다.

얼굴을 문지를수록 어머니는 아이처럼 눈을 찡그리며 고개를 점점 뒤로 젖힌다. 어릴 적 내가 어머니께 그랬던 것처럼, 어머니는 그만하라며 보챈다. '잠깐만'이라는 말을 반복하며 문질러 보지만, 어두컴컴한 피부는 환해지지 않는다.

목으로 내려온다. 씻기기 어려운 부분이다. 늘어진 피부는 때 미는 사람을 힘 빠지게 한다. 손이 가는 방향대로 피부도 같이 밀려가니 때수건과의 마찰이 잘 이루어지지 않는다. 한 손으로 피부를 잡고 다른 손으로는 그 부위만 밀고 또 옮기면서 그러기를 반복해야 한다. 어머니의 목이 특별히 굵었던 것도 아닌데 피부는 겹겹이 골 지어 늘어져 있다. 세월은 가끔 이해할 수 없는 이야기를 남기는 것 같다. 어머니의 목에 금목걸이 한 번 걸어 드리지 못한 내가 지금 무엇을 탓하고 있는가.

어머니의 몸을 좀 더 바로 세워 가슴을 씻는다. 쇄골 주위는 움푹하고 새가슴은 더 불룩하다. 바람 빠진 가죽 주머니 같은 젖무덤은 축 늘어졌다. 안간힘을 쓰듯 매달린 젖꼭지가 애처롭다. 두툼한 젖무덤의 단 젖으로 칭얼대는 자식을 잠재웠을 그 파란 젊은 날들은 이제 마른 세월로 덩그러니 매달려 있다. 내 손에 닿는 울퉁불퉁한 갈비뼈, 그래도 골고루 제자리를 지키고 있어 너무도 고맙다.

마른 연못 같은 움푹한 배를 씻고 다시 위로 올라온다. 어머니의 손을 잡고 팔을 밀 차례다. 손마디의 굵기가 선명하게 내 손에 전해 온다. 평생 땅을 일구며 살아온 연장 같은 손이다. 힘든 농사일도 마술처럼 해내시던 어머니의 손에는 실반지 하나도 보이지 않는다. 꺼슬한 손바닥으로 내 등을 쓱쓱 문질러주고 가끔은 매를 들어 나를 혼내시던 손이다. 현실의 물살에 휩쓸리지 않도록 든든하게 내 손을 잡아주던 지난날을 생각한다. 평생 호미질한 팔은 밤마다 시리고 저리다 하신다. 뜨뜻한 물에 담근 오늘만이라도 아프지 않으셨으면.

몸을 돌려 어머니의 등과 마주한다. 세월 더딘 곳이 등일까. 주름이 가슴보다 덜하다. 활처럼 굽은 허리는 이제 더는 제 역할하기 어렵다. 곧게 세워 받쳐 주던 상체는 자신의 무게도 감당 못 해 구부러졌다. 이제는 지팡이의 고마움을 누구보다도 잘 아는 굽은 허리, 어머니의 등이 굽어지도록 주렁주렁 매달렸을 우리 육 남매……. 멀리 도망가 버리고 싶었던 힘든 날에도 자식들에게 등을 보이지 않으셨던 어머니. 그 고마운 등을 위해 내가 해 드릴 수 있는 일이 무엇인가.

허벅지를 씻는다. 많이 아프시다는 오른쪽 허벅지를 살펴

본다. 겉으로는 아무렇지도 않다. 내 손이 움직이는 방향으로 힘없이 밀려가는 피부, 비탈밭 이랑 같다. 박꽃같이 희고 포동포동하던 피부는 어디로 가버리고 지친 삶이 흐느적거린다. 찬서리 맞으며 외로이 서 있는 허수아비의 모습이다. 자꾸만 마른 강가의 물갈대 서걱거리는 소리가 들린다.

장딴지를 지나 가장 아래 부분, 발을 씻는다. 어머니는 새끼발가락과 약지발가락의 길이가 같다. "엄마 발이 병신이네."라는 나의 농에 어머니가 빙긋이 웃는다. 꺼슬꺼슬한 발바닥도 뜨뜻한 물속이 좋았던지 허옇게 웃는다. 등에 업힌 자식을 한 손으로 받쳐가며 하루에도 몇십 리를 걸었을 발바닥, 마음과 기꺼이 함께했을 평생 동반자다. 한 발 한 발 디뎌온 그 거리가 얼마나 될까. 구순인 지금도 밟아야 할 거리가 남아 있으니 이 얼마나 감사한 일인가.

이제 욕조의 물을 반쯤 뺀다. 수건을 두툼하게 말아 어머니의 몸 아래쪽에 고이고 비스듬히 바로 눕힌다. 내 손이 닿자 어머니는 움찔한다. 누구에게도 보이고 싶지 않은 부분이다. 자꾸만 몸을 오그리는 어머니, 조물주는 고맙게도 감정만큼은 늙지 않도록 만드셨나 보다. 빽빽했을 검은 숲은 어머니의 시력처럼 그저 희멀건하다. 세상이 열리던 곳, 나도 그 어느 해 힘겹게 통과했던 문이다. 고향의 스러진 사립문을 대하듯 문득 진한 향수를 느낀다.

　머리를 감긴다. 아기를 씻기듯 나는 왼팔로 어머니의 목을 감싸고 오른손으로 샴푸를 한다. 머릿밑이 훤히 보이는 엉성한 머리카락, 샴푸 묻은 내 손이 어머니의 머리에서 겉돌아간다. 흘러내리듯 쉽게 빠지는 머리카락, 벌써 몇십 가닥이 등과 물속에 떨어져 있다. 머리를 감을 때마다 하시던 말씀을 어머니는 오늘도 잊지 않으신다. "내 머리숱이 참말로 많았는데……." 닥치는 대로 무엇이든 머리에 인 어머니, 그 많은 무게를 머릿밑인들 배겨낼 수 있었을까. 샴푸 묻은 은빛 머리카락을 욕조로 늘어뜨려 놓고 샤워기로 부드럽게 물을 내린다.

　어머니의 머리를 닦아 드리는 걸 끝으로 목욕을 마친다. 주름투성이인 어머니의 알몸, 구부러지지 않으면 늘어시고, 또 시리지 않으면 저리다 하시는, 어느 곳 하나 고장 나지 않은 곳이 없다. 볼품없는 어머니 몸에 물기를 닦아내고 준비해 두었던 옷을 입혀드린다. 머리도 단정하게 빗질한다. 따뜻한 옥장판에 누우시자마자 이내 잠이 든다.

　벌어진 입에서 숨소리가 깊다. 끙끙 앓는 소리도 이때만은 잠시 쉰다. 편안한 모습이다. 그 옛날, 갓난아기인 나를 씻기신 후 따뜻한 아랫목에 뉘어 놓고 알뜰살뜰 들여다봤을 어머니. 지금은 내가 어머니의 몸을 그렇게 들여다본다. 그냥 어머니가 아닌 한 여성의 몸을.

접붙기

"아프면 말하세요. 뭐 하러 참으세요. 참아봤자 득 될 거 하나도 없는데. 아파도 참는 건 옛날식이라요."

손님에게 하는 말이 동네 똥개 다루듯 빈정대는 말투다. 참자니 참말로 더럽다. 벌떡 일어나 집으로 가고 싶다.

삼십 중반의 마사지사, 그녀가 반복해 화를 돋운다. 좀 전에는 내가 어깨보다 목을 마사지해줬으면 좋겠다고 했다.

"아이구 참 내 이래 목뒤가 뭉쳐있는데 앞에만 한다고 되나요. 이 뭉친 것부터 다 풀어줘야 목주름이 피지든지 말든지 하지."

말끝마다 통통거리는 이 여자, 도대체 이유가 뭐란 말인

가. 화가 화를 건드리니 부풀어 오른 화가 몸을 뒤틀며 당장 솟구쳐오를 기세다.

아침부터 비가 내리는 날이었다. 친구의 부고를 받았다. 재미있게 살아보지도 못하고 이른 나이에 그렇게 가버리다니. 우울한 마음에 기분전환이라도 할 겸 마사지실로 향했다. 빈자리가 없어 지인의 힘으로 겨우 끼어들 수 있었던 착한 가격의 집이다.

아늑한 실내, 네 개의 침대 중 세 개는 손님이 차지하고 있었다. 흰 가면을 쓴 듯 팩으로 얼굴을 덮은 여자, 엎어져 등 마사지를 받는 여자, 그 옆엔 차례를 기다리는 듯한 여자가 맹송한 모습으로 누워 있었다.

손님을 받는 그녀의 말투는 처음부터 고자세였다.

"이리 와 누우세요"

무뚝뚝한 음성을 등으로 받으며 침대 사이에 있는 옷걸이로 걸어갔다. 가방을 걸기 위해서였다.

"아니 이쪽으로 가세요. 신발도 그 안쪽에서 벗으세요."

벌레를 떼듯 그녀는 제멋대로 말을 픽픽 던졌다. 어떻게 손님에게 이런 식으로 대할 수 있는 거지? 처음부터 손님의 기를 꺾어야 할 일이라도 있는가. 일렁이는 감정을 다독이며 침대 위로 팔을 뻗어 겨우 반대편의 옷걸이에 가방을 걸었다.

　침대 위는 뜨뜻했다. 몸이 녹아내릴 듯 편안했다. 그도 잠시였다. 내 머리통을 양손으로 잡은 그녀가 오른쪽으로 쑥 당겼다. 그녀 손끝의 짜증이 머리를 관통한 듯 섬뜩했다.
　이 불편함이라니. 이 분위기로 어떻게 한 시간 반을 보내야 하나. 그래 어디까지 가나 함 보자. 아니 아무렇지도 않은 척 말이라도 걸어볼까.
　"이번 명절연휴 길었는데 여기도 계속 쉬었나요?"
　"예 쉬었어요. 빨간 날은 우리도 다 놀아요. 우리도 쉬는 날은 놀아야지요."
　불만 섞인 목소리가 내 얼굴을 비틀 것 같다. 내가 뭘 쉬지 말라기라도 했나. 그때부턴 아예 말을 말자며 입을 굳게 다물었다.
　얼굴 마사지를 끝낸 그녀가 팔을 문질렀다. 아프다 못해 따가워 나도 모르게 움찔했다. 그러자 아래동생 나무라듯 아픈 거 참아봐야 득 될 거 없다며 그렇게 쥐어박는 것이었다.
　이렇게 계속 참고 있어야 하는 건가. 내 돈 주고 와서 이게 무슨 짓인가. 까짓것 마사지 안 받으면 어떤가. 이런 곳엔 다시는 안 와도 괜찮다. 안 오더라도 한마디 따끔하게 해

접붙기 35

주고 가야지. 그래 그렇게 할 거야.

그럭저럭 마무리 단계인지 내 얼굴에도 팩이 얹어졌다. 일단 한숨을 돌렸다. 감긴 눈의 감각은 곱다시 귀로 몰렸다.

"내사 차든 휴대폰이든 딱 기본이 좋더라구. 아이구 차도 옵션을 전부 다 달았더만 뭘 우예 쓰지는도 모리겠고 쓸 일도 없고. 천장 유리문도 애들이나 어쩌다 내 차 탈 때 열어보지 내사 천재 열어볼 일이 읎더라구."

"맞지요. 좋은 차일수록 옵션은 또 다 달잖아요."

옆 침대 손님의 말에 상냥하게 끼어드는 그녀의 목소리다. 대화 내용으로 보아 상대의 여자는 단골인 듯했다. 이어 세탁건조기로 넘어갔다가 다시 여행이야기를 주고받았다. 늙수그레한 목소리의 손님은 불만인지 자랑인지 모를 말들을 늘어놓았다. 그때마다 그녀는 한 톤 높은 음색으로 맞장구를 쳤다. 저렇게 상냥한 면도 있었다니.

머릿속이 복잡했다. 앞으로 이곳에 계속 올 것인가 말 것인가. 이 집이 아니라면 가격이 부담스러워 계속 마사지를 또 받을 수 있을까. 싸고 깨끗해서 딱 좋은데 저 여자를 생각하면 영 내키지 않고…….

결정의 시간에 쫓기고 있는데 뒤척이는 갈등을 비집고 문득 지인의 말이 떠올랐다.

'패키지여행 갔을 때입니다. 짝지가 나이 든 분이었는데 너무 간섭을 하는 거라요. 가방은 여기 둬라, 바지를 왜 저기다 걸어놨노 등등 낱낱이 나무라는데 속이 상해 똑 죽겠 싶더더. 아이구 그렇게 보름을 한방에서 지내야 한다 생각하니 앞이 캄캄합니다. 그것도 즐거워야 할 여행에서 말입니더. 며칠 견디다 안 되겠십디다. 마음을 고쳐먹었지예. 상대방 칭찬도 해주며 자꾸 접근했어예. 눈썹도 그려주고 내 화장품으로 그날 옷 색깔에 맞춰 입술도 그려주고 그랬지예. 그러니 차츰 간섭도 덜하고 또 간섭해도 덜 속상합디다. 그 후론 편안하게 여행 잘 했어예. 그때는요 내가 정을 내며 붙는 수밖에 없었어요. 안 그러면 아까운 여행 다 망치게 되잖아요. 지금 생각해봐도 내가 참 잘했다 싶어요. 나중에 알고 보니 간섭하는 것이 그분 성격입디다.'

팩을 벗기는 손길에 정신을 차리니 그녀가 물수건으로 얼굴을 닦고 있었다. 다음은 내 두 팔을 쭉 펴 머리 뒤로 젖혔다. 그리고는 겨드랑이 안쪽을 꾹꾹 눌렀다. 정말 아팠다. 그래 지인이 말했던 대로 다시 한 번 말을 걸어보자. 정을 내어보자.

"참 맥을 잘 잡으시는 것 같아요. 다른 사람도 여기 아프다 하는가요?"

"예! 여기는 만지면 아픈 곳이에요. 그리고 여기를 잘 두드려주면 노폐물이 고이지 않아 어깨가 두툼하지 않게 돼요. 집에서 자주 해 보세요."

귀한 정보에 놀랐다는 듯 나는 그녀가 시킨 대로 오른손을 머리에 얹고 왼손으로 오른팔 겨드랑이 부분을 툭툭 쳐 보였다.

"이렇게요?"

"아 예 그렇게 하면 돼요. 손에 힘을 빼고 툭툭 쳐 주면 좋아요."

가시가 사라진 음성이다. 조금은 친해질 기미가 보인다. 다행이다. 앞으로 싸고 좋은 마사지를 계속 받을 수 있겠다. 옷을 입고 거울을 보니 촉촉한 피부에다 눈썹까지 잘 다듬어져 있었다.

"월요일 오전 10시 예약할게요."

내 말에 그녀가 생긋 웃었다. 밖을 나오니 그새 구름 사이로 햇살이 비치고 있었다. 바람마저 시원했다.

저세상으로 간 그 친구가 떠올랐다. 이혼 후 피붙이와도 맞지 않아 홀로 살며 자주 직장을 떠돌던 친구였다. 맘이 싸했다. 어느 한 곳에 접붙기만 잘했어도 삶을 스스로 포기하는 일은 없었을 텐데…….

고목이 피운 꽃

　시골집 마당에 팔순의 두 노인이 빨래를 넌다. 젖은 옷가지를 빨랫줄에 걸 때마다 할머니의 구부정한 허리가 쭉 펴진다. 목화솜으로 부푼 은새 파마머리는 봄볕에 옅게 반짝이고 헐렁하게 걸쳐진 런닝은 바람이 불 때마다 가볍게 일렁인다. 옆에는 초등 동기 사이인 할아버지가 파자마 바람으로 쭈그리고 앉아 통 안에 담긴 빨래를 꼭 짜서 할머니에게 건넨다. 마주 보며 도란도란 이야기하더니 건네던 빨래를 맞잡은 채 두 분이 큰 소리로 웃는다.
　대문을 막 들어서던 나는 그대로 멈췄다. 멍하니 그 모습을 바라봤다. 이성 간에 만나 숨길 것도 애써 드러낼 것도 없이 있는 그대로 보여줄 수 있다는 것, 깊은 연륜이 주는 편안함이 아닐까. 마주 보고 웃는 환한 그 얼굴은 고목의 활짝 핀 꽃으로 보였다. 두 분의 모습을 보자 일 년 전쯤의 일이 선명하게 떠올랐다.

그날도 홀로 지내시는 시골 아버님댁에 들렀을 때였다. 항상 활짝 열려 있곤 하던 현관문이 닫혀 있었다. 볼일 보러 가신 것이 틀림없었다. 현관 열쇠를 넣어 두기로 아버님과 약속한 곳에 평소처럼 손을 넣어보니 열쇠가 잡히지 않았다. 예상하지 못한 일에 난감했다. 마당에서 서성이고 있는데 창문으로 집 안에서 얘기하는 소리가 흐릿하게 흘러나왔다. 반가운 마음에 이층 계단을 단숨에 올랐다. 현관문 손잡이를 잡다가 나는 얼른 계단을 다시 훑어 내려오고 말았다. 분명히 여자의 목소리가 들렸기 때문이다. 집 안에 있는 여자는 도대체 누구이며 문은 왜 잠가 두었는지 짐작이 가지 않았다. 그것도 잠시 그 얼마 전의 일이 떠올라 나는 고개를 크게 끄덕였다.

이 년 전 어머님이 돌아가신 후부터 아버님은 마음을 못 잡으셨다. 든든한 곁가지를 잃어버린, 껍질로 버티는 고목은 작은 바람에도 바스러지는 듯했다. 자신도 곧 쓰러질 것이라 확신한 고목은 유언을 들먹이며 물기 빨아들이는 일조차 관심 없었다. 한 번씩 들러본 아버님댁의 거실과 주방에는 당신의 썩은 속을 널어놓은 듯 술병만이 어지럽게 널려 있었다. 상상도 못 한 당신의 홀아비 생활에 그 무엇도 삶의 의미가 되지 않아 살아가는 자체를 힘들어하셨다.

그런데 예상 밖의 일이 일어났다. 평소 아버님댁 모습을 생각하며 초조한 마음으로 시골에 들른 어느 날이었다. 어지럽던 집 안이 깨끗했다. 안방에는 그토록 애잔해하며 세워놓았던 어머님 사진 대신 알 수 없는 여인의 사진이 놓여 있었다. 20세 전후의 나이로 한복을 단정하게 입은 어여쁜 여인이었다. 아무리 생각해도 내가 아는 사람은 아닌 것 같았다. 머리맡에 둘 정도라니! 머리맡에 사진을 둔 팔순 아버님의 마음이 애틋해 보였다. 그것은 고목의 투박한 껍질을 비집고 나온 산뜻한 새 움을 보는 것 같았다. 궁금해 하던 내 마음을 들여다보기라도 한 걸까. 아버님께서 먼저 말을 끄집어내셨다. 당신에게 가끔 들러 많은 위로와 도움을 주는, 남편과 사별한 동창생이라고 했다.

현관 계단 아래서 한참을 고민했다. 바로 그 실체의 여자분이 집 안에 있는 게 분명했다. 그냥 돌아갈 것인가 아니면 들어가 볼 것인가를 결정 못 한 채 이층 계단을 몇 번이나 오르락내리락했다. 돌아가려 차에 시동을 걸다가 들고 온 반찬이라도 전해 드려야 할 것 같아 계단 아래서 전화를 했다. 도저히 잠긴 문을 두드릴 용기가 없어서였다. 내 휴대전화기에 울리는 발신음 소리와 집 안에서 나는 전화벨 소리가 양 귀에서 들렸다.

잠긴 문을 열어 준 아버님은 부모에게 들킨 사춘기 소년 같았다. 고목의 그 모습에서 아직도 꽃을 피울 수 있는 순수의 진액이 흐른다는 걸 알 수 있었다. 작은방에 숨어 있던 할머니도 어쩔 수 없는지 문을 열고 나오셨다. 수줍은 소녀처럼 얼굴이 발그레했다. 가을 풀처럼 시든 팔순 할머니의 얼굴이 여리고 여린 연분홍색 꽃망울 같다니. 진정 꽃망울이었다.

인기척에 할머니가 돌아보신다. 눈과 입을 동그랗게 한 할머니가 두 팔을 들었다가 합장하듯 손을 마주친다. 빨래통을 밀치더니 나를 향해 오신다. 들고 간 떡 봉지를 내가 편한 자리에 펼쳐놓자 두 분은 마주 앉는다. 목이 막힐까 봐 서로 음료수를 권하고 떨어진 떡 고물도 털고 닦아준다. 이거 먹어보라 저거 먹어보라며 떡을 집어 애써 권한다. 가끔 눈을 맞추면서.

고목의 은은한 꽃향기에 취해 나는 어지럼증이 났다. 그 자리를 슬그머니 빠져나온다. 널다 만 빨래를 활활 털어 꽃잎처럼 줄에 건다. 고목의 향기가 내 귀를 간질인다.

동행

　오늘도 할머니와 길을 나섭니다. 삐걱대는 대문의 인사를 뒤로 하고 이끼 낀 블록담 골목을 아슬아슬하게 지나갑니다. 할머니를 따라 시장 쪽으로 천천히 걸어갑니다. 턱이라도 만나면 마음이 바짝 오그라들지만 할머니는 애써 그런 길을 피해 다니시기에 걱정하지 않습니다. 각지고 둔탁한 제 몸이 더러 짐이 되는 것 같아 힘이 빠질 때도 있지만, 무거운 짐이라도 실어드릴 땐 스스로 대견해집니다.
　인도를 두고 할머니는 넓은 차도의 가장자리를 걷습니다. 할머니의 옷자락에 차 옆 거울이라도 스칠까 봐 애가 쓰입니다. 도로 쪽으로 제 몸을 내밀어보다가 이내 마음을 접습니다. 아무리 뜻이 잘 통한다 해도 서로에게 해 줄 수 있는 한계가 있다는 걸 경험상 잘 알고 있기 때문입니다. 얌전히 따르는 것만도 상대를 진정으로 도울 수 있는 것임을요. 그것은 어떤 화려한 말보다 값지다는 것도 압니다.

할머니의 뼈마디 굵은 손과 제 딱딱한 팔목은 너무도 잘 통합니다. 제 팔의 높이와 방향에 따라 할머니 손등의 힘줄도 긴장했다 풀어지곤 합니다. 갑자기 할머니의 걸음이 빨라집니다. 폐지 줍는 노인이 자주 지나가는 곳입니다. 다행히 제 등에 박스가 얹혔고 할머니의 합죽한 입이 벌어집니다. 행복에 모양이 있다면 할머니의 그 웃음일 거라고 상상해봅니다. 그럴 때면 할머니의 걸음에 맞춰 제 몸이 끄떡거려지기도 합니다.

초장이라 아직은 구부정한 할머니의 몸이 힘겨워 보이지 않습니다. 플라스틱 신발도 연골 닳은 무릎도 불평하지 않아 좋습니다. 시장 골목을 다 훑을 쯤에는 우리는 자주 쉬어야 할 것입니다. 오르막이 있는 동네라도 간다면 힘 쓸 각오를 해야 합니다. 폐지가 많은 대신 고물상까지 옮기기란 여간 어려운 게 아닙니다.

점괘를 짚어보듯 이리저리 고개를 돌리던 할머니가 언덕 방향으로 길을 잡습니다. "오늘은 날이 마이 덥겠네."라던 할머니의 말이 생각납니다. 혹여 더위가 우리를 물고 늘어지기라도 하면 큰일입니다. 제가 정신을 바짝 차려야 할 것 같습니다.

 힘에 부쳤는지 할머니가 제 몸에 기댑니다. 저도 할머니 등을 기대고 싶습니다. 들려오는 심장 박동 소리만으로도 우리는 상대의 마음을 읽을 수 있습니다. 거의 빈 몸이어서인지 오르막길은 그리 힘들지 않게 올라왔던 겁니다. 바람을 쫓던 아카시아 숲도 잠깐 쉬는지 조용합니다.

 목에 걸었던 수건으로 얼굴을 한 번 훔친 할머니가 몸을 일으켜 걷습니다. 조심조심 저도 따라갑니다. 몸은 둘이지만 생각하는 것은 하나입니다. 대문 앞에 놓인 택배물건도, 채전밭에 엎어져 있는 빛바랜 함지박도 모두 빈 박스로 보입니다. 저와 같은 마음일 할머니가 오늘은 곁도 보지 않고 앞으로만 갑니다. 문득 생각나는 곳이 있나 봅니다. 막다른 골목에서 할머니는 굽은 허리를 또 한 번 폅니다. 저도 멈춥니다.

 할머니와 저는 닮은 점이 많습니다. 나이가 많다는 것과 몸이 아프다는 것, 가족이 없다는 것, 바닥을 보며 천천히 걷는다는 것입니다. 허리가 시원찮아 시골 헛간에 웅크리고 있던 제가 할머니를 만나게 된 것도 그런 닮은 점 때문인지도 모릅니다. 힘줄 굵은 남자라도 만났다면 헐거웠던 제 몸은 벌써 일그러졌을지도 모릅니다. 아마 지금쯤 고물상 구석에서 빗물에 삭아가고 있을 것입니다.

  그림자도 졸아든 한낮입니다. 폐지를 둥덩산같이 실은 제가 두 발을 뻗디디며 내리막길을 갑니다. 할머니의 휘어진 다리도 후들후들 떨립니다. 폐지도 떨어지지 않으려 앞쪽으로만 달라붙습니다. 간이 오그라드는 순간입니다. 까딱 잘못해 길 아래로 처박힌다면 우리는 폐지보다 못한 신세가 되고 말 것입니다. 안타까워 보였을까요. 울퉁불퉁하게 팬 시멘트 길도 제 발목을 잡으며 도와줍니다. 비슷한 처지라 그 심정이 느껴졌나 봅니다. 쏠린 무게로 할머니의 손이 제 몸에서 떨어지기 직전, 평지에 닿았습니다. 얼마나 다행이었는지요. 가슴을 쓸어내리며 할머니와 저는 그제야 웃음을 지었답니다.

  오늘은 횡재한 날입니다. 뒤뚱거리며 앞서가는 할머니의 걸음도 신이 난 모습입니다. 이런 날이 며칠만 있어도 한 달 약값은 걱정하지 않아도 될 텐데 말입니다. 고물상에 짐을 내리면 자신의 아픈 곳보다 제 몸 구석구석을 먼저 살펴 볼 할머니입니다. 밤이슬이라도 맞을까 봐 저를 최대한 처마 아래로 밀어 넣어 재울 것입니다. 그러면 저는 보초병이나 된 것처럼 할머니 방 앞을 지킬 것이고, 그런 우리를 또 밤새 뜬눈으로 별들이 살펴봐 줄 것입니다.

푸른 외출

 엄마가 보자기를 싼다. 굽은 허리를 거실 벽에 기댄 채 한 시간째 옷가지와 씨름 중이다. 점심을 먹자마자 엄마는 느닷없이 밖을 나가자고 보챘다. 준비하시라 했더니 그때부터 노모는 보자기를 싸느라 주위엔 눈길도 주지 않는다. 펼친 속바지 위에 뭉친 옷가지를 올려놓는다. 데굴데굴 구를 정도로 꽁꽁 졸라맨다. '휴우' 한숨을 쉰 뒤엔 반소매 런닝을 정성 들여 펼친다.
 "성동띠기도 간다 카디마는. 언제 온다 카더노?"
 성동댁은 친정 이웃집 할머니다. 치매로 날마다 보따리를 끼고 다니던 그 분은 십 년 전에 돌아가셨다. 회관 앞에 내린 운구를 멀리서 지켜보며 당신도 애통해하셨으면서 어찌 저리도 말끔하게 잊어버릴 수 있을까.

허겁지겁 설거지와 빨래를 끝낸 나는 엄마의 물건을 챙긴다. 헐렁해진 보라색 꽃무늬 내의 한 벌과 풀기 빠진 양말 세 켤레도 종이 가방 속으로 대충 개켜 넣는다. 약봉지와 기저귀도 챙겨 넣는다. 혹여 보채기라도 하면 곧바로 요양병원으로 모셔가기 위해서다. 엄마는 왜 진득하게 한곳에 머물지를 못하시는지.

요양병원에 계신 엄마를 우리 집으로 모시고 올 때였다.
"엄마, 며칠 바람 쐬러 갈까?"
"어디로?"

반가움에 노인네는 눈이 찌그러질 정도로 입을 벌리며 좋아하셨다. 그러면서 잊을세라 머리맡에 둔 보따리부터 챙겼다. 며칠 분의 약과 기저귀를 준비할 테니 잠시만 기다려 달라는 간호사의 말에 역정부터 냈다. 굽은 허리를 앞세우고 출입문까지 가서는 의자에 앉아 기다리셨다. 즐겨 입던 윗옷을 찾아주겠다는 요양보호사의 자상함도 귀찮아했다. 분홍 고무 슬리퍼를 까딱거리며 외출증을 받으러 간 내가 얼른 돌아오기를 목을 빼고 기다렸다. 잠시도 한 곳에 머무르지 못하는 엄마, 당신이 가고 싶은 곳은 대체 어디인지.

점점 부스러지는 기억, 그것이 불안해 어디론가 도망가고 싶은 것일까.

우리 집에 도착한 엄마는 보따리를 안고 두리번거렸다. 이곳저곳을 살피더니 안방 문갑 서랍 안에 당신의 물건을 차곡차곡 넣었다. 그제야 주위가 궁금한지 양 무릎에 손을 짚고 살금살금 아이들 방 안도 훑었다. 화장실도 들여다보고 쪼그리고 앉아 베란다의 화초도 만지작거렸다. 이튿날은 당신의 막내딸과 도란도란 얘기하며 마늘도 한 바가지 깠다. 어려워했던 화장실 볼일을 조심해 보는 등 조금씩 낯선 곳에 적응했다. 그러나 삼 일째 되는 날은 완전히 달랐다. 무작정 빨리 나가자고 졸랐다. 평소 오고 싶어 했던 막내딸 집이란 것조차 까마득히 잊어버리셨다.

엄마는 왜 한 곳에 머물지 못하는 걸까. 친정 나들이 한 번 제대로 할 수 없었던 젊었을 적의 아쉬움이 무의식으로 돌출하는 걸까. 접질린 수많은 꿈의 날개가 마지막 날숨으로 뒤척이는 걸까. 언제나 보따리부터 챙기는 엄마, 분명 가려는 곳이 있는 것 같은데 그 곳이 어딘지 당신도 나도 알 수가 없다.

얼마 전엔 더 심했다. 요양병원에 들른 나를 보자마자 엄마는 밖에 나가자고 했다. 답답하신가 보다 하고 바람이라도 쐬어 드리려 휠체어에 모시고 가까운 공원으로 갔다. 당신 품엔 보따리가 안겨 있었다. 반월성 언덕의 벚꽃 무더기와 형형색색의 사람 물결에 노인네의 눈이 휘둥그레졌다. 앞서가는 사람을 쳐다보며 키가 활대 같다느니, 유채꽃이 가득한 밭을 지날 땐 참말로 곱다는 등 살가운 반응도 보였다. 그것도 잠시, 엄마는 무조건 돌아가자고 보챘다. 목숨처럼 아끼던 당신의 아들이 공원으로 오는 중이니 잠깐만 기다려보자 해도 막무가내였다. 도대체 어디를 그토록 가고 싶어 하는 걸까. 숨 넘어 갈 듯 재촉하는 바람에 들고 간 간식을 펼쳐보지도 못한 채 병원으로 되돌아왔다.

엄마는 여전히 보자기를 싸고 있다. 어느 때보다도 외출 준비가 진지하다. 당신만이 아는 노래를 흥얼거린다. 축축한 음률에 스스로 울적한지 초점 없이 앞을 바라보기도 하고 어깨를 흔들며 한숨을 푹 쉬기도 한다. 잠깐 다녀오던 친정 나들이와는 준비부터가 다르리라. 버려야 할 것을 덜 버렸는지, 잊어야 할 것을 덜 잊었는지 야무지게 보자기를 묶었다가도 잘못 싼 듯 다시 풀어헤치고 또 아무렇지도 않는 듯 그대로 싸기를 반복한다. 곱디고운 환생을 위해 지금 말끔하게 몸을 비우는 중이리라. 억 겁의 후에라도 다시 만날 수 있다면, 그것은 이별이 아니라 아주 긴 외출이리라.

이제 출발하자며 내 팔을 껴 부축하니 엄마의 얼굴이 환하다. 현관문을 나서려는데 내 휴대폰이 울린다. 남동생의 전화다. 중환자실에 입원 중이던 사촌언니가 사망했단다. 갓난아기 때 헤어져 아버지의 얼굴도 모르는 그 언니를 엄마가 평소 얼마나 애잔해 했던가.

"신곡 언니가 돌아가셨다네."

한참이나 뜸 들인 내 말과는 달리, 아무렇지도 않은 듯 무게를 푹 덜어낸 노인네의 음성이 낮게 건너온다.

"참말로 내캉 같이 안 가고 지 먼저 가뿟는가베. 야야 우리도 얼릉 가자."

어디로 가는지도 모른 채 엄마는 현관문을 향해 손부터 내민다. 현관문지방에 앉았던 보따리도 내 손에 들려 꼬부랑 주인을 따른다.

이 보따리 놓게 되는 날까지 엄마는 떠나는 연습으로 나날을 보내겠지. 바다처럼 하늘처럼 깊어서 푸른, 이승의 가장 아름다운 외출을 위해서.

구름

 병실을 나온 아버님이 나무 그늘 벤치에 풀썩 앉았다. 되는대로 몸을 부려놓고 멍하니 하늘을 바라본다. 아버님을 따라 나온 나도 옆 벤치에 앉는다. 늦여름 하늘에는 둥그스름한 구름 한 덩이가 소나무 위에 떠 있다.
 집을 나설 때만 해도 아버님의 모습은 환했다. 오랜만의 외출에다 며느리와의 동행이라 더 신나는 듯했다. 어머님이 돌아가신 후 내내 우울해하셨던 아버님이다. 당신에게 언제 그런 우울한 일이 있었느냐는 듯 오늘은 이런저런 농담까지 하시며 호탕하게 웃기까지 하셨다. 무엇보다 고모님에게 화해를 하러 가는 길이었으니 마음이 가벼우신 듯했다.

오 년 전 아버님은 사소한 대화 끝에 고모님과 비틀어졌다. 매듭을 풀어주려 주위에서 몇 번을 시도했으나 아버님은 자신의 누님을 완강히 피했다.

"자꾸 둘이 붙일라 카지 마라. 내한테 그래 야멸차게 말하는 사람이 무신 누님이고."

다시는 안 볼 듯 화해의 말을 끄집어내지도 못하게 했다. 고모님의 건강이 안 좋으시다는 말을 듣고도, 큰동생을 한 번 보고 싶다는 고모님의 간절한 마음을 전해 듣고도 변함없었다. 쇠심줄 같던 그 마음이 오늘에야 조금 여려졌나 보다.

하지만, 요양원 병실을 들어선 아버님과 난 망부석처럼 서고 말았다. 공간에 맞춰 방향을 달리한 여섯 개의 침대에는 숨을 쉬기에도 힘겨운 할머니들이 누워 계셨다. 낯선 인기척에도 반응은커녕 살아 있는지 의심스러울 정도로 움직임이 없었다. 얇은 이불이 주기적으로 떨리는 것을 보고서야 안도했다. 무거운 시간만이 흘렀다. 그것은 이승과의 영원한 이별을 앞두고 모든 미련을 끊게 해달라는 할머니들의 엄숙한 기도 의식 같았다.

가라앉은 이 공기 속에 그토록 활달하신 고모님이 계신다는 것일까. 병실을 잘못 찾아온 것이길 바라며 음료수 박스를 든 채 침대마다 살폈다. 환자가 돌아누운 방향으로 아버님도 몸을 기울이며 꼼꼼히 확인하고 있었다. 고모님은 안 계셨다. 집에서 출발할 때 병실을 확인했었는데 그 사이 다른 곳으로 옮기기라도 했단 말인가. 마지막으로 침대의 이름표를 들여다보기로 했다.

어찌 이럴 수가.

맨 처음 본 입구 쪽의 환자가 고모님이실 줄이야. 몇 달 전의 모습은 온데간데없었다. 물기를 줄이고도 떨어지지 못한 나뭇잎처럼 시들대로 시든 처량한 모습이었다. 우묵하게 들어간 두 볼은 맞붙을 듯하고 힘없이 놓인 팔다리는 뼈를 그저 이리저리 걸쳐 놓은 듯했다. 큰 소리만 질러도 으스러질 것 같았다. 어쩌다 빤히 쳐다보실 때는 우리를 아시는 듯도 했다. 다시 희멀건 해진 눈동자는 나사 빠진 바퀴처럼 제멋대로 굴렀다.

아버님은 말이 없으셨다. 입담 좋으신 당신도 할 말을 잃으셨다. 고모님의 모습만 눈으로 훑으셨다. 흘러내리지도 않는 안경을 자주 만지면서 연달아 한숨을 쉬셨다. 그러다 조심스레 고모님의 손을 한번 잡아보셨다. 마른 비늘 같은 손을 잡자마자 못 만질 것을 만진 듯 곧바로 슬며시 놓았다. 침묵의 시간이 흘렀다. 한숨만 병실 바닥에 쌓이고 있었다.

그때였다.

"누님요. 저 왔심더. 예?"

절규 섞인 아버님의 목소리가 병실 바닥에 내동댕이쳐졌다. 연달아 고모님을 불러보지만, 답답한 제 가슴을 두드리듯 병실만 왕왕거릴 뿐이었다. 통곡한들 흘러가 버린 시간을 되돌릴 수 있을까. 아무리 고함쳐 불러도 반가이 맞아줄 줄 알았던 당신의 누님은 목석처럼 누워있었으니 보다 못한 아버님은 병실을 훌쩍 나온 것이었다.

아버님의 시선은 여전히 하늘을 향해 있다. 아버님의 시선 따라 하늘을 올려다본다. 좀 전 소나무 위 둥그스름하게 떠 있던 구름이 모양도 없이 흐트러진 채 느티나무 위에 떠 있다. 수많은 말을 아래로 내려 보내며, 병원 건물 뒤쪽으로 아주 천천히 넘어가고 있다.

숙변宿便

배를 움켜잡고 버티던 친정 옆집 아재가 다급히 삽을 들고는 집 뒤 밭으로 향했다. 고르지 않는 삽질 소리가 몇 번 나더니 조용했다. 삼매경에 들어간 모양이다. 적당한 곳에서 해결하라는 주위의 채근에도 손을 내저으며, 변기를 고칠 동안쯤은 얼마든지 참을 수 있다고 자신했던 아재다. 누구보다 체면을 중시하는 분이 아니던가. 그런 아재가 죽을상을 하고 집 뒤 밭으로 뛰어가는 것을 보면서 지인에게 들었던 어느 할머니의 이야기가 떠올랐다.

요양병원 치매 병실, 구순의 할머니를 태운 휠체어가 병실 문 안으로 들어서려다가 복도로 나온다. 요양보호사의 손에 끌린 휠체어는 화장실 가까이에서 잠깐 멈추더니 다시 휴게소로 향한다. 휴게소 앞에서 서성이다가 이내 복도 끝의 베란다로 간다. 몰래 할 말이 있다는 할머니를 위해 요양보호사가 자리를 물색하느라 며칠 째 돌아다니는 중이다.

사람들이 있어 곤란하다는 병실을 피해 밖으로 나왔지만, 복도마저도 오가는 사람들이 있다며 할머니는 불편해한다. 아무도 없는 장소에 가도 할머니는 주위만 살필 뿐 당최 그 하고 싶다는 얘기를 하지 않는다.

그녀는 복도 끝의 작은 공간에 휠체어를 밀어 넣는다. 허리를 숙여 할머니의 귀에 입을 대고 얘기해 보라 한다. 혹시라도 창문 너머 병실 사람들이 들을 수 있다면서 할머니는 또 못 하겠단다. 치매를 앓는 분의 투정이겠거니 하기엔 너무도 신중하다. 그녀는 점점 궁금증이 인다. 이야기의 물꼬를 터 주려 이것저것 짚어가며 물어보았지만, 할머니는 고개를 젓는다. 병실 사람들이 불편하게 한 것도 아니고 자식이 속상하게 한 것은 더욱 아니란다. 도대체 할 얘기가 무엇이기에 그렇게 뜸을 들이는 건지.

당신도 답답한지 이번에는 건물 아래 조용한 잔디밭으로 가보자고 한다. 휠체어를 앞세운 그녀는 엘리베이터를 타고 정원으로 간다. 나무 그늘에 휠체어를 고정하고 할머니의 눈치부터 살핀다. 이쯤에서는 말하겠거니 기대하면서. 그런데 할머니는 또 못하겠단다. 한참이나 떨어진 곳에서 담배를 피우는 두 명의 남자를 손짓하며 그 사람들이 들을 것 같아 안 된단다. 참으로 그녀를 궁금하게 하는 노인네다.

할머니는 이십 대 후반에 청상이 되었다. 거친 세월에 홀로 오 남매를 키웠다. 하지만, '공주할머니'라고 불릴 정도로 모습이 고와 고생한 흔적을 찾을 수 없었다. 단정한 쪽머리며 수저 소리도 나지 않게 조심조심 식사하는 등 누구보다 예의에 민감한 분이었다. 그런 할머니가 이토록 하고 싶으면서도 못 하는 말이 무엇인지.

할 수 없이 그녀는 어둑할 때를 기다렸다. 외등을 켤 때쯤 병원 건물 뒤쪽의 으슥한 곳에 모시고 간다. 할머니는 주위부터 휘둘러본다. 사방이 조용하자 할머니는 쪽머리가 살짝 흔들릴 정도로 한숨을 푹 쉰다. 두어 번 더 한숨을 푹 쉬더니 폭포수처럼 말을 쏟아낸다.

"아이고 씹하고 시퍼라. 아이고 씹하고 시퍼레이. 아이고 하고 시퍼라"

높아지려는 음성을 억누르며 마치 오르가슴을 느끼듯 흥분된 목소리로 할머니는 그 말을 몇 번이나 반복한다. 그런

뒤 홀가분한 음성으로 몇 마디를 더 뱉는다.
"아이구 아이구. 시원해라. 답답하던 쎅이 시원하데이."

박장대소하며 들었던 요양병원 할머니이야기는 생각할수록 가슴 밑바닥으로 파고들었다. 그와 비슷한 이야기인, 언젠가 읽었던 신문기사 한 대목이 진득하게 밀려왔다.
'사고로 척추를 다쳐 '남성'을 잃은 그는 광부였다. 그의 아내는 독일에서 그를 간호하던 파독 간호사였다. 정신적 사랑을 믿고 결혼한 두 사람의 '플라토닉 러브'가 파탄 직전에 이르렀다. 남자가 심한 의처증을 앓고 있었던 것이다. 의사의 설득으로 광부는 수술대에 올랐다. 회복실을 찾은 아내가 처음으로 당당하게 선 남편의 남성을 봤다. 그녀는 그걸 움켜쥐고 울었다.'

"하이구 시원해라. 답답하던 속이 시원해져 이제야 살 것 같데이!"
통쾌한 목소리에 밭쪽으로 돌아보니 삽자루를 쥔 아재가 집 모퉁이를 성큼성큼 돌아 나오고 있었다.
참으로 편안해 보였다.

2부 달이 웃다

꽃잎과 꽃받침

◇ 꽃잎에게

 이 밤, 어둠이 부드럽게 감겨오네요. 참으로 평온해요. 그대의 세심한 배려가 꽃봉오리일적 감성까지 흔들어 깨웠는지 세상이 푸근해 보입니다.
 오늘 아침, 나는 물기가 다 빠져나간 듯한 퍼석한 몸으로 멍하니 소파에 앉아 있었지요. 숨 쉬는 것조차 귀찮았어요. 그런 나를 보고 그대는 온천탕에 가자고 했습니다. 시든 몸을 일으켜 세우는 데는 물이 최고라면서요. 뜨뜻한 물에 담가 세포마다 물기로 흠뻑 채워주고 싶었나 봅니다.

온천탕에 앉아 있을 때였어요. 그대는 나를 안쓰럽게 바라보더군요. 아마 옛 모습이 떠올랐나 봐요. 바람의 빛깔과 햇빛의 냄새까지 감지하던 싱싱한 내 모습이 문득 그리웠겠지요. 하지만, 산다는 것이 허공으로 쉼 없이 팔을 뻗는 일이고 보니 몸은 저절로 후줄근해져 버렸지요. 누구보다 나를 잘 아는 그대, 그대는 내게 이제 빳빳하게 받치는 일을 그만두고 좀 느긋해지라고 하지요. 자기 자신도 좀 생각하면서 살라고 그랬지요.

　나를 위한 그대의 이벤트 덕분에 처음으로 세신용 침대에 올라가봤지요. 생각보다 높더군요. 가지 끝에 앉은 것처럼 어지러웠어요. 아줌마는 차근차근 몸을 밀어줬어요. 아 정말 편안했어요. 터실터실한 발뒤꿈치까지 반들반들해졌으니 한동안은 이불에 닿아도 버석거리지 않겠지요. 꽃잎 속으로 드는 나비처럼 스타킹 속으로 들어가는 발이 아주 우아할 겁니다.

　온천탕을 나오자 그대는 나를 낙지덮밥 집으로 이끌었습니다. 어찌 심중을 그렇게나 잘 알아주시는지요. 오늘은 쫄깃하고 매콤한 그 식감을 즐기고 싶었거든요. 여름날 시원하게 맞아보고 싶은 소나기처럼 생각났지요.

　배가 부르자 만사가 눈 아래로 보였습니다. 충만, 그 표현이 딱 맞아요. 그런 나를 그대는 병원으로 데리고 갔습니다. 무슨 일일까요. 나는 침대에 눕혀졌고 팔엔 링거 바늘이 꽂혔습니다. 종합영양제라고 간호사가 말했어요. 똑똑 흐른 수액이 잎맥 같은 혈관을 타고 구석구석 흘러들었습니다. 그대의 사랑이었어요. 따듯한 사랑에 취해 나는 그만 잠까지 들고 말았지요.

우린 서로 도우며 살 뿐인데 이렇게 씻기고 먹이고 영양제까지 챙겨준 그대, 잠자리에 눕고 보니 참으로 고맙습니다.

◇ 꽃받침에게

요즘 들어 피곤해하는 당신이 안쓰러웠습니다. 움직일 때마다 마른 줄기 부서지는 소리가 났지요. 그뿐입니까. 길을 가다가도 회오리에 감긴 듯 어지러워 가만 서 있기도 했지요. 온통 당신을 의지해야 하는 저는 그 불안을 고스란히 느낄 수밖에 없었지요.

당신을 위해 제가 할 수 있는 일이 무엇인지 처음으로 고민해봤습니다. 그동안 저는 참 이기주의였어요. 제 일상을 화려한 꽃잎으로 피우는 데 전념하느라 당신에게 너무도 무심했던 것입니다. 진정으로 반성해요. 그래서 하루 날을 받았지요. 먼저 당신이 좋아하는 온천이 생각났어요. 어려운 일도 아닌데 다음으로 미룰 필요까지 있겠는지요. 당장 나섰지요.

문득 천진난만하게 뛰어놀던 어릴 적이 생각나더군요. 꽃봉오리 시절 말입니다. 꽃받침과 꽃잎 구분이 없어 단순했으니 얼마나 편안했겠는 지요. 그래서 오늘은 마냥 즐겁기만 했던 꽃봉오리 시절로 돌아가 보기로 했습니다. 다른 일일랑 제쳐 두고 온전히 우리만을 위해 하루를 같이 보내는 거지요.

온천탕에서 저도 행복했답니다. 편안해하는 당신 모습을 보니 저절로 콧노래가 나오더군요. 이제껏 저를 든든하게 받쳐주었으니 앞으로는 제가 당신을 그렇게 대해주고 싶었던 겁니다. 몸을 씻는 일은 세신사 아줌마가 알아서 해줄 것이니 어리광부리듯 가만히 누워 있으라고 했지요. 뭘 그리 돈 아껴 보겠다고 이제껏 작은 호강 한 번 못 해줬나 싶은 게 속이 상했어요.

낙지덮밥 먹을 땐 아주 신났어요. 저도 덩달아 기분이 좋아졌어요. 그때 활짝 핀 제 모습 못 보셨나요? 당신의 힘으로 제가 살아간다는 것 잘 아시잖아요. 가뭄에 단비를 만난 듯 입맛을 다시며 한 숟갈씩 푹 떠먹는 모습에 제가 제대로 메뉴를 정했구나 싶었지요. 쌀뜨물 숭늉에 된장 한 툭수바리만 있어도 달게 먹던 어린 시절이 또 생각나더군요. 추운 겨울날, 종일 썰매 타느라 양말 젖는 줄도 몰랐지요. 오돌오돌 떨며 집에 왔을 때, 뜨끈한 엄마표 가마솥 숭늉이 얼마나 구수하던지요. 행복해하는 모습이 그 옛날 숭늉을 먹을 때와 꼭 같았지요. 역시 우린 수많은 혈맥으로 연결되어 있어 서로를 감지하는 능력이 탁월하지요.

  병원에 간 건 사실 깜짝 쇼였어요. 무엇보다 앞으로 당신을 위해 봄비를 뿌려주기로 다짐했지요. 최선을 다해서요. 하루를 오므릴 때마다 고마운 당신을 바라보는 일도 잊지 않을 겁니다.

  우린 서로 의지해 살아가기에 진정 즐거움도 함께이지요. 행복이야 말할 필요도 없구요.

  내가 나를 진정으로 바라본 적이 한번이라도 있었던가. 오늘은 온종일 나를 위한 시간을 가졌다. 영혼과 육신이 활짝 핀 이 밤 나는, 흐린 별빛마저도 달게 받아먹을 수 있는 싱싱한 꽃이 되었다.

두드러기

파마하고 바로 집에 갈라 캤는데 안 되겠심더. 조용할 때 **속** 좀 **풀**고 가야겠심더. **여기** 아지매는 **딸**이 있능교? **하이구** 내사마 **딸** 때문에 **못** 살겠심더. 내가 딸 **종** 노릇하고 **안** 있능교. 이기 **멍**기요. 좋게 생각하다가도 **한**번씩 이래 속이 **부**글부글 **끓**심더. 혈압이 오르니 내 얼굴 좀 **함** 보이소. 벌써 **벌**겋지요.

내가 어느 날부터 이래 속이 상터더. 그 전에는 몰랐지예. **딸**이 시집가기 **전에야** 딸 뒷바라지 해주는 기 그저 재미 **있**었심더. 하이구 참말로 **공**주같이 키웠다 아입니꺼. 그러이 아무것도 할 줄 모르니더. 결혼해서 좀 멀리 **떨어진** 곳에 집을 얻기에 좋다고 **캤**디마는 고마 우리 집 가까이로 이사를 **턱** 오는기라예. **우야겠능교**. 할 수 없이 일을 안 해 **줄** 수가 없디더.

끼 때만 되머 저거 신랑 **앞세워가** 우리 **집**으로 오니더. 밥이랑 간식 **다** 묵고 샤워까지 하고 **잘** 때 되믄 저거 집에 간다아임니꺼. 나이 묵어가 **몸**은 자꾸 아픈데 지금은 아까지 봐줘야 하이 **죽**을 지경임니더.

몇 해 전에는요 **우옛**는 줄 아능교. 지네들 여행 가면서 **자꾸** 나를 같이 가자카는 그라예. **말이사** 엄마 애묵고 있어서 **여행시켜** 준다꼬 카는데 속이 **뻬**이 보이서 안 간다고 버텼지요. 그라이까내 가자꼬 **가자꼬** 졸라 싸서 사람 **솔**기쩡나게 하디더. 와 그라는지 압니꺼. 여행 가서 저거 **맘** 놓고 놀라 카는데 **아** 봐줄 사람이 **업스이** 내한테 아를 맡길라꼬 그카지에. **내**가 그걸 **와** 눈치 **못** 챘겠능교. 버티다가 생각하이 그 일이 또 **나중**에 내 마음에 **걸리믄** 우짜겠노 싶디더. **할** 수 없이 또 따라 안 갔능교.

그런데 속이 **얼**마나 상턴지요. 딸이 **사위** 보고 "엄마한테 고맙다고 좀 캐라. 집안일 해주고 아도 봐주는데." 카니까 "내가 와 인사하노. 니 못 한 일 장모님이 했는데." 그카는 기라요. 아무리 그래도 그렇지 내 듣는데 사위가 우째 그래 말할 수 있능교. 내가 고마 속이 확 디집어지대예. 며칠을 방에 누버 있었심더.

에구 누구를 원망하겠능교. 다 내 성격 탓인기라예. 친구들이 막 욕을 하면서 제발 이 성격 좀 바꾸라카는데 참말로 고치기 어렵네요. 암만 안 해줄라캐도 안 되이 우야겠능교. 방이고 주방이고 깔끔하이 내 맘에 들어야 하니더. 그카이 자꾸 내가 하게 되지예. 이 눔의 성질이 지랄이라요. 하이구 팔자도 우째 이래 생겨 묵어가지고.

미장원에서다. 제 성에 바치어 음성을 높이며 두서없이 내뱉는 아줌마의 말이 한 번씩 피부가 뒤집어지듯 울퉁불퉁하게 돋는 딸아이 몸의 두드러기 같았다.

한참 동안 두드러기로 부풀었던 아줌마가 사위 오기 전에 저녁을 준비해 놓아야 한다며 서둘러 미장원을 나선다. 저녁노을에 물든 아줌마의 등이 채 가라앉지 못한 두드러기처럼 불그스레하다.

꽃바람

사월의 향연이 눈부시다.

골골마다 하얀 벚꽃구름, 노란 개나리, 연둣빛 유채 등 차 창 밖은 온통 꽃물결이다. 꽃밭 속을 달리는 기분이다. 리무진 버스를 타고 공항으로 가는 내게 덤으로 꽃 선물까지 주다니. 들뜬 마음을 애써 가라앉히며 창밖의 풍광을 즐긴다. 뜨거운 커피 한 모금이 오늘따라 이토록 상큼할 수가. 차 안 공기마저 산뜻하다. 여행할 친구들을 떠올리자 자꾸만 입이 벌어진다. 버스도 몸을 실룩실룩한다.

이어폰을 꽂고 스치는 창밖을 바라본다. 심연 속으로 녹아든 꽃물결이 바이올린 음률에 너울거리며 감성이란 감성을 다 흔들어 깨운다. 흐드러진 벚꽃 아래엔 남녀 한 쌍이 거닌다. 다정한 모습이다. 저 아름다운 길을 함께 걸을 수 있다는 것, 얼마나 행복한 순간일까. 그걸 알면서도 함께할 수 없다는 것은 얼마나 아쉬운 일일까. 이런저런 잡생각이 화사하던 꽃물결을 슬픔의 잔영으로 밀려들게 한다. 눈을 감는다. 납작 엎드렸던 그리움이 가슴 밑바닥에서 뭉글뭉글 피어오른다.

버스가 멈춘다. 경유 정류소인가 보다. 투박한 구두 소리가 다가온다. 풋풋한 공기를 훅 끼치며 내 옆에서 멈춘다. 분명 남자다. 윗옷을 벗는 듯 잠시 옷감 스치는 소리가 난 후 그가 자리에 앉는다. 묵직함이 내게 전해온다. 눈은 감았지만, 신경의 촉수는 옆자리를 향한다.

버스가 다시 움직인다. 고속도로에 올랐는지 속도감이 느껴진다. 이어폰의 음률은 바이올린에서 첼로 연주곡으로 흐른다. 부드러운 곡선이 내 몸을 휘감는다. 포근하다. 눈앞엔 꽃물결이 어른거린다. 기분이 묘하다. 현실과 이상이 자유로 넘나들어 몽롱하다.

　- 아! 수없이 그려보았던 그와의 만남, 내 옆자리에 앉은 그와 지금 단둘이 여행을 간다-

그의 왼손이 나의 오른손을 부드럽게 깍지 낀다 처음으로 느껴보는 그의 온기에 심장이 쿵쿵거린다 온몸이 저려온다 버스는 굉음을 내며 질주하더니 이륙하듯 공중으로 붕 뜬다 차창밖엔 푸른 밀밭이 일렁인다 색색의 이름 모를 꽃들이 우릴 향해 웃는다 들판 저 끝자락에서부터 노란 물결이 점점 다가온다 해바라기 물결이다 노란 터널 속으로 지나간다 천지가 노랗다 환하다 그의 어깨에 기댄 내 얼굴도 금빛으로 물든다 풍경도 사람도 새롭다 스치는 그 어느 누구도 의심의 눈빛을 보낼 이 없으니 세상은 우리의 것이다 온몸에 자유를 걸치고 시간의 파도를 탄다 자잘한 꽃무늬의 아이보리 양산을 그가 들고 나는 그의 왼팔을 두 팔로 껴안는다 천천히 들길을 걷는다 모래가 반짝이는 도랑물가엔 애기똥풀꽃이 노랗다 나붓나붓하게 노란 무리를 흔든 바람이 우리의 옷자락도 살살 부빈다 신발을 벗은 채 편할 대로 풀밭에도 앉아본다 그의 무릎을 벤 채 파란 하늘을 올려본다 용해될 듯 편안하다 내 머리카락을 쓰다듬는 그의 손길에 눈을 감는다 그의 입술이 내 입술을 덮는다 별들이 반짝인다 낯선 경유지 역사 안의 작고 예쁜 가게에서 마늘빵을 산다 실내는 방 안 같이 아늑하다 연보라색 벨벳 의자가 보인다 그의 윗옷을 받아 옷걸이에 걸고 의자에 나란히 몸을 놓인다 앞뒤 좌석에는 중년의 이국인 남녀가 창밖을 내다보며 소근거린다 대각선 쪽에 홀로 앉은 금발의 긴 머리 아가씨가 사색에 잠긴 듯 시선을 밖에 내다 걸고 있다 커피를 나누어 마신다 그의 체온을 마신 듯 배꼽까지 황홀하다 어깨를 기대자 그의 입술에 묻은 마늘빵 냄새가 향긋하다 *빨간 튜울립이 비치는 호숫가를 걷는다 둑 위에 다리를 펴고 앉아 수면을 바라본다 돌멩이가 집히기에 던져본다 수면 속의 튜울립이 너울너울 춤을 춘다 누구 것이 멀리 가는지 내기도 한다 음색 다른 웃음소리가 호수 위로 미끄러진다 세운 그의 무릎을 양팔로 안고 얼굴을 기댄다 어디선가 날아온 백조 무리가 호수 위에 사뿐히 내려앉는다 하늘을 찌르는 침엽수의 숲을 걷는다 귤 하나를 까서 미소 짓는 그의 입에 넣어준다 껍질을 뒤집어 그의 손등에 살살 문질러도 본다 상큼한 향이 코끝을 건드린다 숲속엔 새소리만 청아하게 들린다 연인들에게만 보이는 아늑한 별장으로 간다 그의 팔이 내 허리를 감는다 내려다보는 은은한 눈빛에 몸이 허물어진다

"잠시 후 인천공항에 도착하겠습니다. 승객 여러분께서는 두고 내리는 물건······."

눈을 뜬다. 흔들리는 버스 안이다. 설핏 옆자리를 돌아본다. 그의 모습 대신 대머리의 뚱뚱한 중년 남자가 입을 반쯤 벌린 채 자고 있다.

피식 웃음이 나온다. 식은 커피잔을 정류장 쓰레기통에 툭 던진다.

달이 웃다

"원래 다아 그런 겁니다아."

택시 기사의 축 늘어뜨린 음성에서 능청스러움이 삐져나왔다. 속이 울렁거린다. 여행용 가방과 함께 멍하니 서 있다. 그런 나를 뒤로 한 채 택시는 재바르게 아파트를 빠져나간다.

자정 가까운 시간, 구름 사이 달은 훤한데 집으로 향한 발걸음이 자꾸만 더듬거린다. '원래 그런 것이라.' 혼란스럽다. 엘리베이터 버튼을 누르려다 1층 출입구에 놓인 의자에 몸을 디밀듯 앉는다. 여행 동안 함께한 가방을 바라보며 지나온 시간을 거슬러 본다.

◇ 삼십 분 전

 여독에 절은 채 공항 리무진에 얹혀 대구에 도착했다. 굴속을 들여다보듯 궁둥이를 내민 사람들을 비집고 버스 짐칸 깊숙이 웅크리고 앉은 짐을 꺼낸다. 크고 작은 가방이 세 개다. 무게의 정도에 따라 어깨에 메고 왼손에 들고 하나는 오른손으로 끈다. 불을 환하게 켜고 줄 서 있는 택시 앞으로 갔다. 택시를 잡은 아가씨가 뒷좌석으로 짐을 밀어 넣느라 허리를 반쯤 내놓고 있다. 빈 차 앞에 도착한 우리도 짐을 실으려 손에 든 가방을 내려놓았다. 운전사가 얼른 내린다. 앞의 택시와는 달리 가방을 트렁크로 번쩍 옮겨준다. 이런 친절한 기사도 있구나. 피로회복제를 먹은 듯 몸이 가볍다. 예상하지 않았던 친절에 차에 타자마자 앞서 못마땅한 버스의 서비스에 대해 속풀이 한다.

 차가 고속으로 달린다. 밖을 보니 우리 집 방향과 반대다. 당황하며 얼른 목적지를 다시 말하자 깜박했다며 너스레를 떤다. 좀 전 버스 기사의 서비스를 생각하면 기분이 크게 언짢지 않다. 멈췄던 이야기가 이어진다. 서비스에 대한 견해가 우리와 일치하는 등 장단이 잘 맞다. 막내딸아이가 신이 난다.

◇ 세 시간 전

부산 김해공항에 내렸다. 대구로 오는 리무진 버스표를 사기 위해 안내소에 들른다. 현금을 주고 타라는 말과 함께 1번 정류소에서 기다리란다. 여행에 지친 몸이지만, 지정석이 아니기에 휴게실 가는 것도 포기하고 줄을 섰다. 가방을 곁에 두고 자세를 고쳐가며 한 시간여를 기다린다. 드디어 버스가 온다. 뒷사람을 위해 짐을 안쪽으로 깊이 넣으라며 버스 기사는 옆에 서서 고함을 지르듯 말한다. 옆의 분이 고맙게도 자기 짐을 제쳐두고 짐칸 문지방에서 미끄러지는 내 짐을 같이 올려준다.

버스가 움직이고 십여 분이 지나자 여기저기 들리던 전화 소리도 멈춰 조용하다. 그제야 의사 깊숙이 봄을 밀어 넣고 잠을 청한다.

"안전벨트 매 주이소오."

운전사의 투박한 음성이 차 안 공기를 세게 흔든다. 그리고는 한마디 말도 없이 딱 소리와 함께 실내등을 몽땅 끈다. 순간 캄캄하다. 들여다보던 물건을 더듬거리며 챙겨 넣는지 뒷좌석에서 부스럭거리는 소리가 잠시 들린다.

◇ 이십일 전

    일본 나리타공항에 도착했다. 목적지에 가기 위해 리무진 버스표를 산다. 매표 직원은 버스가 대기한 곳을 친절하게 알려준다. 무거운 가방을 차에 옮길 걱정에 버스 짐칸 가까운 곳에 서서 차 문이 열리기를 기다린다. 딸아이가 얼른 내 가방을 뒤로 끌어당긴다. 돌아보니 가방과 사람이 나란히 두 줄로 서 있다.
    직원이 나타나서 일일이 가방에다 꼬리표를 단다. 직원이 짐칸에 짐을 실을 동안 승객은 버스에 오른다. 차가 출발하자 운전사의 낮은 음성이 마이크로 들린다. 여기저기에서 안전벨트 매는 소리가 난다. 조용해 대화하기도 조심스럽다. 간간이 휴대전화 만지작거리는 소리만 들린다. 도착지에 내리자 이번엔 운전사가 짐을 다 꺼내주면서 일일이 확인까지 해 준다.
    이어서 택시 승강장으로 간다. 운전사가 얼른 차에서 내려 무거운 가방을 트렁크에 실어준다. 차문까지 열어준다. 손에 물건을 든 채 편하게 차에 탄다. 운전사는 목적지까지 어느 길로 갈 것인지를 미리 알려준다. 딸아이들이 좋다고 하자 차가 움직인다. 숙소인 아파트에 도착했을 땐 역시나

짐을 다 내려준다.

◇ 바로 전

우리 집 앞에 도착해 택시미터기를 보니 7,700원이었다. 만 원을 내밀었다. 돈을 받은 운전사는 얼른 내리더니 트렁크에 얹힌 가방부터 내려준다. 마지막까지의 친절에 그저 감동이다. 가방을 건네받고 거스름돈을 기다린다. 내어줄 돈을 잊었는지 운전사가 그냥 차에 오르려 한다. 얼른 거스름돈 이야기를 하자 능청스러움이 섞인 몇 마디가 움직이는 차 안에서 흘러나온다.
"원래 다아 그런 겁니다아."

헛웃음이 나와 하늘을 봤다. 달이 웃는다.

우린 방귀예요

하하 우리로 말하면 해방의 전신이죠. 절정의 통쾌함이라 니까요. 소리부터 내지르는 것만 봐도 우리의 태생은 넓은 초원을 거느린 야생마의 울음이거나 코끼리의 함성일 겁니다. 대단한 이력이죠. 그런 우리가 좁은 틈에서 살아야 했으니 그 갑갑함이 어느 정도인지 짐작되시죠. 압력을 받는 만큼 음파로 높아갈 수밖에 없다는 것을요. 시원하게 쏟아진 다는 것은 그만큼 눌려있었다는 것을 온몸으로 표현한 것이랍니다.

혹 우리처럼 부풀어 오르는 몸을 안으로만 밀어 붙여본 경험 있으신가요? 경험해 보셨다면 우리의 심정을 더 잘 아시겠네요. 좁은 공간에 갇혀 지내는 일이 우린 딴엔 얼마나 인내가 필요한지를요. 소망한 것은 오직 자유였다니까요. 답답한 심정에 거꾸로 기어올라 뛰쳐나간 친구도 있었죠. 큭큭 '트림'이라며 온통 눈살을 찌푸리더라나요. 눈총만 오지게 받고 말았지요. 그러니 달리 방법이 없죠. 그저 때를 기다릴 수밖에요.

그래도 그 마음은 잠시고 활개를 치며 다니고 싶어 병이 나지요. 밖은 전혀 딴 세상이니 호기심이 일어날 수밖에요. 훨훨 바람으로 날 수 있고 정열의 불꽃으로 피어날 수도 있으니 얼마나 근사하게 보이던지요. 재재거리며 제 맘껏 수다 떠는 참새들이랑 흐르는 대로 몸을 맡기는 물의 방랑은 또 얼마나 부러운지요. 거기다 언제든 나와 보라고 유혹까지 하니 몸이 뒤틀릴 수밖에요. 하지만, 모른 체 눌러앉아 있어야 했지요. 앞을 잘 헤쳐 나가려면 굳건한 힘을 길러야 한다는 그 정도의 눈치는 있거든요. 그보다 시도 때도 없이 밖으로 뛰쳐나갔다가는 시건방지고 방자스럽다는 소리를 듣게 되니 그런 소리 듣는 건 죽기보다 싫어요.

솔직히 말하면 종일 몸을 웅크리고 앉아 흡수된 음식물을 분석하는 일은 정말 지겨워요. 대장 안의 기체가 이산화탄소·수소·메탄가스로 구성되었다는 사실도, 대장 세균의 장

내 활동이 가스로 생산된다는 내용 등은 딱딱해서 정말 싫다니까요. 한번 직접 해 보실래요. 그게 얼마나 따분한 일인강. 하루만 머물러도 온몸이 쑤신다며 난리가 날 것을요. 자유를 결박당한 채 정해진 공간에만 돌아다녀야 하니 우리의 신세타령이 부풀어 오를 만도 하지요. 훨훨 날고픈, 이 공간을 박차고 나가고픈 충동을 가라앉히며 오직 때가 오기까지 견뎌내고 있을 뿐이지요.

가끔은 갑갑함에 용의주도하게 밖을 빠져나가 보기도 하지요. 최대한 몸을 납작 엎드리고 말입니다. 가늘게 삐어져 나오는 소리는 우리 스스로가 들어봐도 참으로 애잔하지요. 두근거리며 엄마 몰래 오락실 가는 아이의 마음이 딱 그랬을 겁니다. 매달린 조바심으로 몸이 오그라드는 그 심정 말입니다. 간당간당하게 위기를 모면하다 보니 시원함 같은 건 느껴보지도 못해요. 들키지 않았다는 안도감 정도라고 해야겠지요. 모기만 한 소리로라도 화려해 보이는 밖을 한번 탐색해 보고 싶었던 것이지요.

참아보려 몸을 비틀며 버티었다가도 그만 스르르 빠져나가 버릴 때가 있어요. 냄새지요. 뭔가 좀 엉큼한 행동이긴 하지요. 쪽문으로 몰래 학교를 빠져나온 학생들의 모습처럼 어딘가 부자연스럽지요. 구린내를 맡으면 다들 얼굴부터 찡

그리니 신경이 쓰일 수밖에요. 육식을 접한 뒤는 더 강하게 풀어져 나오지요. 감정을 절단당한 돼지나 소 혹은 닭의 억울한 하소연 아닐는지요. 그게 아니라면 온갖 할 말이 차고 들어 답답해진 내장의 속풀이인지도 몰라요. 어쨌든 그것은 우리 사는 곳의 분위기 실토이기도 하지요. 꼬이고 비틀어지면 순간 우린 몸을 날카롭게 벼린답니다. 뾰족함으로 주위를 찌르기도 하지요. 그러다 스스로 숨구멍을 막아버리고 싶은 충동마저 느껴요. 갑갑하기는 하고, 문은 있지만 맘대로 나갈 수 없으니 고마 우리 자신도 모르게 엉뚱스런 행동으로 새어나가고 말지요.

하하 근데 요건 모르시죠? 우리들만의 세상엔, 우리들만 공감하는 추억거리가 소소하다는 걸요. 그러니 너무 걱정 마세요. 우리도 알 만큼 알아요. 불편하지만 이곳이야말로 우리의 몸피를 키울 수 있는 최적의 장소인 줄요. 또 이름을 살릴 수 있는 곳이라는 것도요. 알면서도 괜히 한번 치기 어린 행동 해보고 싶어서 여기저기 집적대 봤던 것이지요.

오늘 드디어, 그토록 고대하고 고대했던 자유를 만났습니다.

와~ 하는 함성이 TV에서 쏟아진다. 졸업식 날의 모습이다. 얼마나 좋았으면 소리부터 내지를까. 귀여운 방귀들이 한꺼번에 교실에서 풀어져 나온다.

바우아재

 달성공원을 걸을 때다. 바우아재의 부고가 문자로 떴다. 한동안 멍해졌다. 평소 전해 들었던 그의 일상이 아련히 떠올랐다.

 삼십을 갓 넘은 남자가 산골 마을 정자나무 그늘에 앉아 있었다. 보통 체격에 광대뼈가 튀어나왔고, 짙은 눈썹 아래에는 눈이 움푹했다. 한참을 멍하니 앉았던 그가 너덜해진 군화의 끈을 풀어 발을 빼냈다. 발가락을 들여다보더니 주위를 두리번거렸다. 팔을 뻗어 산초나무 가시를 떼어 발가락의 물집을 터트렸다.

산골 동네를 오 일째 돌아다녔지만, 보따리 속의 옷가지는 별로 줄지 않았다. 동네마다 단골 장사꾼이 차지하고 있어 사람들은 낯선 보따리장수의 물건을 사주지 않았다. 더군다나 여름이라 옷이 많이 필요하지 않았다. 며칠 더 이러다가는 고향에 부칠 돈은커녕 그는 거지가 될 판이었다.

해의 위치를 가늠한 그는 옆에 둔 누르스름한 광목 보따리를 끌어당겼다. 상체를 움직일 때마다 장딴지까지 말린 삼베 바지가 제 먼저 흔들거렸다. 그는 다시 멜빵을 어깨에 걸어 보따리를 울러 메었다. 언덕길을 느릿느릿 올랐다. 그림자가 길게 따라왔다. 병풍처럼 둘러 선 산은 군데군데 벌건 속살로 전쟁의 상처를 내보이고 있었다.

고갯마루에 닿을 쯤, 날은 어스름해졌다. 숨이 찼다. 그는 보따리를 멘 채 산소 봉분에 몸을 기대었다. 옷값으로 받은 보리쌀 자루가 등을 부비였다. 배가 고팠다. 어디선가 소쩍새 소리가 아련히 들려왔다.

얼마 전까지 그는 탄광촌에서 일했다. 그곳은 빨리 돈 벌고 싶은 그를 한동안 머물게 했다. 갱도를 파들어가는 일은 고되었다. 의지할 것이란 이마 위의 플래시 뿐이었다. 탄가루를 들이마시는 것보다 더 서글픈 것은 돌하나 밥상으로 늪혀놓고 컴컴한 갱도 구석에서 찬밥을 떠먹는 일이었다. 서늘하게 씹히던 가난, 그 가난을 떨어내기 위해서는 서늘하게 씹는 일을 포기하지 말아야 했다. 팔을 다쳐 고생했으나 그는 고향으로 보내는 편지에는 언제나 몸 건강히 잘 있다고 적었다.

그는 칠 남매 맏이로 태어났다. 아버지는 집안일보다 주막 찾는 날이 더 많았다. 어머니와 함께 남의 밭과 논을 부치고 또 품삯을 받아서 근근이 생활을 이어갔다. 버려진 자갈밭을 일궈 농토로 만들기도 했다. 하지만, 가난은 가난만 물고 오는지 그 굴레에서 쉽게 벗어날 수 없었다. 밥을 굶는 날도 많았다. 멀건 죽도 마음대로 먹지 못하는 동생들을 보며 어떡하든 돈을 벌어야 되겠다고 이를 악물었다.

"어무이요. 이래가는 도저히 안 되겠심더."

모내기를 끝낸 어느 여름날이었다. 그는 아내와 어머니를 설득했다. 지문으로 닳은 쟁기와 써레를 헛간에다 밀쳐놓고서 고향을 떠나왔던 것이다. 탄광촌으로 흘러들었던 그가 지금은 옷가지를 팔러 다니는 중이었다.

봉분에 기대어 저린 팔을 주물렀다. 목숨을 담보한 탄

광촌, 다친 팔은 그때의 순간을 떠올리게 했다. 애써 생각을 털어내며 그는 다시 윗동네로 향했다. 윗마을 입구에 들어섰을 때는 별들이 총총했다. 눈앞엔 반딧불이 아롱거렸다. 배가 고팠지만 때가 지난 후라 한술 얻어먹는 일은 포기했다. 주머니를 털어 주막으로 들어갔다. 배를 채웠지만, 눈을 감아도 잠이 오지 않았다. 떨어지지 않은 가난처럼 모깃소리만 끈덕지게 윙윙거렸다.

몇 년 후 그는 떠돌이 보따리장수를 접고 고향으로 돌아왔다. 핼쑥한 그를 위해 어머니는 수탉 모가지를 비틀었다. 벌어다 준 돈으로 논도 사고 밭도 사고 아래 자식들 공부도 시킬 수 있었다며 그의 어머니는 눈물지었다. 집안을 일으켜 세웠다는 뿌듯함에 그는 힘들었던 지난 시절도 잊을 수 있었다. 그리고 헛간에 밀쳐두었던 지게를 다시 꺼냈다. 사 남매의 자식들 공부시키느라 힘줄 부풀리며 경운기로 논밭갈이를 했다.

"대학만 시키머 오당가리 나는 줄 알았디만도 그기 아이데요. 큰 아아가 대학원인가 뭔가 거어를 간다 카이 또 우야닝교. 둘째 아아도 쪼메마 보태주마 일어설 것 같다 카고……. 내 몸 꿈적거릴 때까지는 우야든지 묵고 살도록 도아조야 안 되겠능교."

노인정 문턱에 걸터앉아 누렇게 물든 앞 논을 내려다보며 그는 바람 섞인 음성으로 상신 어른께 말했다.

추수를 끝낸 그해, 그는 남은 전답을 정리했다. 경비 자리라도 얻게 해주겠다는 친척의 말에 부산으로 갔다. 일흔이 넘은 나이까지 경비자리를 전전했다. 퇴직한 뒤엔 집 앞 공원에서 시간을 보냈다. 무엇보다 그곳은 돈이 들지 않은 놀이터였다. 바둑도 두고 무료급식소에도 들르면서 여생을 보냈다.

뒷머리에서 흘러내린 뜨거운 것이 목울대를 적신다. 달성공원의 어르신들이 한꺼번에 눈에 들어온다. 삼삼오오 모였거나 그림처럼 홀로 벤치에 앉아 계신다. 이 시대의 또 다른 많은 바우아재들이 더딘 시간의 하루를 뭉근하게 보내고 있었다.

닭싸움

며칠 전 식당에서 있었던 일인데 참말로 웃겨서 한번 들어보레이.

"와 대구사람 욕하능교. 듣자 듣자 하니 참말로 못 참겠네."

식당 입구에 서 있는데 꽥꽥거리는 큰 소리가 나는 거야. 순간 식당 안의 눈들이 쫙 한곳으로 향했어. 눈들이 꽂힌 곳은 구석 쪽 테이블이었어. 그곳엔 팽팽하게 세운 말끝이 곧 패싸움으로 일어날 것 같은 분위기였어.

그날 아는 분이랑 식당엘 갔을 때였지. 그분 모친이 돌아가셨는데 문상을 가지 못해 부조라도 전해드리려 했던 거야. 그랬더니 점심이라도 하고 가라며 기어코 붙잡데. 줄 서서 먹을 정도로 맛있는 청국장 집이 있다면서. 점심시간을 피하면 여유롭게 먹을 수 있다고 했지만 만난 시간이 딱 그 시간이라 할 수 없이 바로 가게 된 거제. 소문대로 식당 안은 사람들로 꽉 차 있었고 입구 의자엔 벌써 세 사람이 대기하고 있었어.

사실 아무리 맛있는 집이라고 해도 줄 서서 먹는 식당은 왠지 안 가고 싶어. 먹고 있는 사람도, 그 모습을 보며 기다리는 사람도 상대에 대해 자유롭지 못하는 그 느낌 알제. 입구에 서서 기다리면 자연 남의 밥숟갈 오르내리는 거 쳐다보게 되고, 배라도 고프면 저 사람들 언제 다 먹고 나올까 그 생각만 하게 되잖아. 반대로 식탁에 앉은 사람도 자기를 쳐다보며 식사 끝나기를 기다리는 사람이 있다 싶으니 부담감에 무슨 돈내기 일 처리하듯 밥을 먹게 되잖아. 그렇지만 주위에 마땅한 메뉴도 없어 그 식당으로 가게 된 거지.

입구에서 기다리며 식당 안을 보고 있으니 사람들의 수저가 긴 부리 같았어. 머리 맞대고 부지런히 집어대는 모습이 말이다. 그런저런 생각하며 얼마 지났을까 그렇게 목젖이 찢어지는 것 같은 꽥꽥거리는 소리가 났던 거지.

가만 보이 밥을 먹던 연두색 잠바 남자가 뒤돌아보며 옆 테이블의 양복 남자에게 시비를 걸고 있었어. 양복 남자 테이블에는 그의 마눌인지 일행인지 모를 여자가 두 팔을 날개처럼 접은 채 앉아 있었고 맞은편에는 연배의 대머리 남자가 삐죽하게 목을 빼고 앉아 있었어.

    싸움은 금방 소리 기둥으로 솟구쳐 올랐어. 한 사람이 의자에서 일어나면 상대도 일어나고 한 사람이 앉으면 상대도 앉고 그러면서 팔을 휘저으며 서로 이 새끼 저 새끼 카는데 그럴 때마다 세운 말끝이 상대 가슴팍을 무지막지 공격하고 있었어. 대충 들어보이 대구사람이 참 좋다는 일행의 여자 말에 양복 남자가 대구 사람들 아주 안 좋다는 식으로 말한 모양이야. 그냥 한 번으로 안 좋다고 한 거는 아닌 것 같고 옆 테이블의 연두색 잠바가 도저히 못 참고 벌떡 일어날 정도였다면 심한 욕으로 쪼아댄 갑더라. 한 사람은 대구사람 왜 욕하느냐고 카고 상대는 왜 남의 말에 끼어드느냐 카미 말과 말이 풀쩍풀쩍 공중에서 부딪치며 비릿한 비늘을 뿌리고 있었어. 그때였어.

    "에이 니기미 씨발 좆같이 시끄러버 밥을 못 먹겠네."

    싸움보다 더 큰 소리가 식당 안을 쨍 가르는 기라. 창가에 있던 남자가 보다 못해 한 소리 내질러뿴랬던 거지. 식당 안은 순간 퍽 하고 웃음이 터졌어. 우리도 킥킥거렸어. 양복 옆의 여자도 픽 웃데. 그와는 상관없이 싸움은 쉽게 끝나지 않았어. 끝나는가 하면 또 이어지고 또 이어지고. 일행을 말려 할 여자가 되레 상대방 남자를 보고 나무라니 양야구가 난 상대 남자가 설불리 성을 주저앉지 못해 마무리가 잘 되지 않았던 거야. 어쨌든 식사가 끝난 연두색 잠바가 식당을 나가게 됨으로써 싸움은 일단락되었어. 그동안 우리도 자리가 생겨 횃대에 앉은 닭처럼 차례로 앉았고 배달될 밥을 기다리고 있었어. 사람들은 다시 고개를 숙여 수저부리를 움직이기 시작하더군. 그런데 이번엔 카운터 쪽에서 꽥꽥거리는 거야.

"사장 나와보라고 해. 어디갔어. 빨리 데리고 와 보라니깐."

수저부리를 멈춘 사람들이 이번엔 일제히 고개를 카운터로 향했어. 고함의 주인은 좀 전 싸웠던 양복과 일행인 대머리 남자였어. 무작정 사장 나오라고 서빙 아줌마들을 닦달하고 있는 거라. 물 달라고 몇 번이나 말했는데 안 갖다 줬다는 거였어. 아마 좀 전 싸운 것 때문에 자기들을 무시했다고 생각한 모양이야. 말려야 할 일행의 여자가 이번에도 목도리 털이 일어날 만큼 팔을 휘두르며 핏대 섞인 말로 서빙 아줌마들을 나무라는 거야. 아이구 밥이 어디로 넘어가는지 모르겠더라고. 보다보다 못한 서빙아줌마가 '밥값 내지 말고 그냥 가세요' 그러데. 아이구 저 말 들으면 더 기분 나빠 펄떡거릴 건데 싶더라구. 좀 긴장이 되더라구. 아니나 다를까 여자의 말이 들리더라구.

"한 사람꺼만 빼고 우리 둘이 꺼는 받아야지."

아주 선심 쓰듯 말이다. 다 안 줘도 되니 그냥 가라고 몇 번을 반복하니 세 명이 쭈루룩 출구로 가더라구. 그러면서 그냥 가기가 멋쩍었던지 출입문을 닫던 여자가 옴팡한 눈으로 뒤돌아보며 한마디 쏘아붙이는 거야.

"서빙 똑바로 해. 이런 식으로 하면 식당 망해. 알아?"

그 말의 입김이 미처 따라 나오기도 전에

"니나 똑바로 해라."

라며 서빙 아줌마가 쫑알거리고 말았어. 식판을 주방으로 들고 가면서 말이야. 나 같아도 저 말이 나오겠다 싶은 게 이해가 가더라구. 한편으론, 저 여자가 들었을 건데 어떡하지. 아니나 다를까 그 여자 털목도리에 바람을 일으키며 다시 식당 안으로 들어오더니 '누가 그랬어? 니가 그랬냐? 니가 그랬제?'라며 먹잇감 쫓는 어미닭처럼 주방 안을 휘젓고 다니는 거야. 참말로 막장 드라마였어. 허리 벨트까지 멋지게 찬, 겉으로는 멋쟁이인 여자가 어떻게 저런 모습을 보여

주나 싶은 게 허탈감마저 들더라구.

　겨우 달래가지고 밖으로 내보내긴 했는데 회오리가 한바탕 빠져나간 것 같았어. 밥 먹던 사람들도 다들 한숨을 푹 쉬더라. 옆 테이블에서 들려오데. 먹고 사는 방법도 가지가지라며 난동부린 세 사람은 밥값 주지 않으려 그렇게 쇼 부린 거래. 야 그카이 그들이 지렁이 한 마리 물고 우르르 도망간 닭으로 보이더라 카이.

　친구야, 그날 생각하이 우리 사는 기 영판 닭 모습이더래이. 누구 나무랄 거 없이 다들 멋지게 차려입고 어쩌고 캐사도 조금만 자존심 건드리 봐라. 꼬꼬댁 꽥꽥거리며 서로 사정없이 쪼아대니 말이다. 점잖은 척하는 나도 그 상황 되면 안 그럴 거라고 장담을 못 하이. 옆의 닭이 죽어나가는 거 뻐이 보고도 내하고는 전혀 상관없다는 듯 그저 눈앞 일에 허덕이니 닭장 안의 닭하고 머가 다르겠노 싶더라 카이. 하하 아매도 우리는 지구 닭장 안에서 비비대는, 어느 거인이 기르는 깃털 없는 닭인지도 몰러.

고사리

 김치 냉장고 뚜껑을 열었다. 구수하면서 비릿한 고사리 특유의 냄새가 훅 난다. 며칠 전 고사리 반찬을 했더니 맛있다며 가족의 젓가락이 부지런히 오가기에 오늘 또 해 볼까 해서다. 고만고만한 묶음들 속에서 한 묶음을 집는다.
 이 년 전이다. 고사리를 팔아달라는 어머니의 전화를 받고 친정에 들렀을 때다. 고사리는 팔 수 없는 상태였다. 겉은 멀쩡하였으나 묶음 속에는 곰팡이가 뽀얗게 슬어 있었다. 그 사실을 모르는 어머니는 고사리가 쌓인 광주리를 보며 흡족해하셨다. 구순의 노모가 봄 내내 정성 들였을 일에 실망을 드릴 수가 없어 모두 주문받은 것이라며 어머니께

목돈을 쥐어 드리고는 보따리에 싸서 집으로 들고 왔다. 마른 상태이지만, 혹시나 해서 김치냉장고에 넣어 두었더니 온통 고사리로 컴컴하다.

김치 냉장고에서 꺼낸 고사리를 묶여진 채로 물이 든 양재기에 담근다. 억지로 짚을 풀다가는 고사리 머리가 떨어져 버려 반찬을 해도 모양이 나지 않는다. 물에 잠긴 고사리에 자잘한 물방울이 생겨 뽀얗다. 흐트러지려는 삶을 잡아매듯 어머니는 짚으로 몇 번이고 고사리 뭉치를 둘러 묶었다. 줄기 끝에 오그린 채 붙은 희끄무레한 잎이 꼭 벌레 머리 같다. 긴 벌레들이 서로 부둥켜안은 채 박제된 모습이다. 연로한 어머니처럼 뭉치는 단단하지 못하고 어설프다. 평생 동안 한 해도 거르지 않고 묶으셨을 고사리, 이걸 혼자 묶으면서 어머니는 무슨 생각을 하셨을까.

오 년 전이었다. 살이 빠져 헐렁한 광주리에 마른 고사리를 태산같이 쌓은 어머니는 고사리 뭉치를 만들며 이런저런 살아 온 이야기를 막내딸 앞에서 하셨다. 대부분이 그동안 수없이 들었던 내용이었다. 눈대중으로 얼마큼의 고사리를 손에 쥐고 길쭉하게 늘여서는 다시 둥그렇게 돌려 말면서 묶을 짚 몇 줄기를 입에 문 채 푸념을 하셨다.

"우리 엄마 아부지가 날 얼마나 귀타고 캤는지. 혹시나 또 죽을까 봐 쪼끔이라도 아프다 카머 난리가 났제. 내 우에 언니 둘이 돌림병으로 죽어서 나를 금덩어리같이 생각했제. 머슴 둘에다 밥 해주는 아까지 있었는데. 클 때 복은 다 개복인 기라. 서동영감이 와 나를 이 꼴짜게 중매해서 이케 고생하게 했는지. 이눔의 고사리같이 내 인생이 팍 꺾인뿐기라."

어머니는 한 뭉치를 완성하고는 옆에 두었던 물그릇의 물을 한 모금 머금었다 마른 고사리 무더기에 푸우 품었다. 품어져 나온 물은 안개처럼 부옇게 날리기도 하고 물방울로 방바닥에 떨어지기도 했다.

"시집이라꼬 와 보이 묵을끼 있어야제. 아침엔 나물밥 무꼬 점심은 굶고 저녁엔 머얼건 나물죽 무거스이까네 그기이 우째 사람 사는 기고. 그것도 동새 시너부까지 안들 일곱 명이 몇 숟가락씩 떠뿔면 나물죽 한 양푼이가 금세 다 없어졌제. 에구 배가 고파 못살겠더라. 그 소문을 들었길레 그랬겠제. 우리 엄마가 저 앞산 상목골 고개 만딩이에서 이 꼴짜게 내려다보며 몇 번이나 울고 갔다 카더라. 죽도 살도 몬 하고 그케 그케 살았제."

어머니는 팔이 저린지 고사리 뭉치를 잠시 내려놓으셨다. 왼팔을 들어 오른팔 어깻죽지를 몇 번 두들기고 훑어 내리

듯 팔을 주무르더니 자리를 고쳐 앉으며 놓았던 뭉치를 잡으셨다. 그러다 머리 뒤로 두른 안경 줄이 내려오는지 손으로 다시 바르셨다.

"내 살아온 거 어데 가서 다 말하꼬. 얼라는 노으까내 자꾸 딸이제. 그때는 동네 사람들이 와 그래 아들 없다꼬 사람을 몰아부칬던동 몰라. 너거 아부지는 아들 없다꼬 홧술만 늘어가 나를 못살게 하제. 내가 니를 업꼬 여자 구하러 아랫동네 회동댁 아들집에 갔다라. 그때는 전쟁 뒤끝이라 신랑 죽은 여자들이 많았제. 천제 살 길이 없으이 떠돌아다니며 남의 집 일해주고 입에 풀칠하고 살았제. 그 집에도 여자 세 키 있다 캐서 안 갔더나. 정재서 둘러앉아 안들 세 키가 바가지에 밥을 퍼놓고 묵꼬 있더라. 보리밭을 매느라꼬 손은 다 터 갈라지고 볼모양이 없더라카이. 우리 집에 오는 사람은 아들만 나아 주면 된다꼬 내가 카이까내 한 여자가 벌떡 일어나데. 그 안들을 앞세우고 오는데 저 멀리 산이 꾸벅꾸벅 내 앞으로 걸어오더라. 내가 푹 삶깄디라."

어머니는 회한에 잠긴 듯 움직이던 손을 멈추고 한참이나 멍하니 앞을 보시곤 했다. 그러고는 다음 말을 이으셨다.

"내가 몇 번이나 가뿌고 싶어도 자슥이 뭐던동 그게 안 쉽더라. 그래도 야야 너거 적은엄마보다는 낫제. 신랑 일본 가서 죽고 팔십 평생을 혼자 살았으이까네. 내사 아들도 있고 손자도 있으이. 그때는 딸 만타꼬 캐사도 너거 있으이 이래 좋데이. 안들을 둘이나 들라도 곁다리가 없으까내 얼마나 다행이고. 곁다리 자슥이라도 났으면 어얄뿐 했겠노."

물을 머금은 고사리가 꾸들꾸들하다. 지나간 어머니의 이야기들이 살아나듯 고사리가 원래 모양을 드러낸다.
요양병원에 계신 어머니가 생각난다. 한평생 살아온 사연을 마른 고사리 무더기로 쌓아두고 텅 빈 가슴으로 침대에 누워 계신 지 일 년이 넘는다. 박제되듯 말라가는 몸이지만, 어머니는 자식들 걱정에 하루가 모자란다. 시들어지고 푹 삶기고 또 말라가면서도 그 특유한 맛 변하지 않은 고사리처럼.
조심스럽게 짚을 하나씩 돌려 푼다. 오늘 저녁 식탁엔 어머니의 향기가 밥맛을 돋워 줄 것이다.

방

　몸무게를 실어 조심스레 방문을 밀었다. 반가운 듯 서늘한 공기가 얼른 마중을 나온다. 안으로 한 발을 내딛자 바닥 냉기가 잽싸게 등을 타고 머리꼭지에 오른다. 발을 오그리며 벽을 더듬어 스위치를 켠다. 시간이 정지된 공간은 액자 속의 고요한 그림 같다.
　우두커니 서서 방안을 둘러본다. 이틀 후에 집에 들를 것이라는 연락을 받고서 한참 만에 들어와 본 맏딸 아이의 방이다. 책상 위에는 책 한 권이 등을 세운 채 엎어져 있고 침대에는 이불이 반쯤 젖혀져 있다. 다리를 꼰 운동복 하의가 비스듬히 책상 의자에 몸을 걸치고 있다. 돌쩌귀가 뭉그러질 정도로 문바람을 일으키며 딸아이들이 들락거리던 방이다. 쉴 새 없이 쿵덕거리며 비벼대던 곳이 찬기로 가득하다.

딸아이는 졸업과 동시 취직한 지 삼 년째다. 이런저런 엉킨 속을 전화로 풀어내며 집에 오고 싶어 안달하던 처음과는 달리, 지금은 그저 무덤덤하다. 자신의 뿌리를 통째 푹 파서 옮겨 심은 듯 집에 대한 애착이 점점 식어간다. 오랜만에 집에 왔다가도, 갑자기 할 일이 생겼다는 등 얼버무리며 예정 시간보다 앞당겨 떠나곤 한다. 남자친구가 생겼는지 얼마 전부터는 연락조차 자주 하지 않는다.

냉기로 차 있는 방을 보며 점점 온기 줄어가는 딸아이와 나 사이를 돌아본다. 멀어져가는 아이의 뒷모습에 문득문득 공허감이 밀려온다. 시간은 모든 것을 데리고 왔다가 때가 되면 또 어디론가 그들을 데려가는 모양이다.

책상 의자를 당겨 천천히 앉아본다. 책상 위에 두 팔을 접고 고개를 옆으로 엎드려도 본다. 책장 가득 진열된 갖가지 책과 소품들, 손때 묻은 물건들이 빛을 잃고 멍하니 있다. 딸아이 초등학교 때 둘이 손잡고 서점 가서 산, 모서리 부풀어버린 새국어사전도 보이고 육 년 개근상으로 받은 옥편도 꽂혀 있다. 언제부터 저곳에 얹어 두었을까. 색상이 마음에 꼭 든다며 한동안 열심히 두르던 목도리였는데 둘둘 말린 채 책장 구석에 놓여 있다. 평소에는 관심도 없던 딸아이의 물건들이 하나하나 선명하게 눈 안에 들어온다.

엎드렸던 몸을 일으킨다. 책상 서랍 속이 궁금해 차례로 열어본다. 얼마나 여닫았는지 손잡이가 반들거린다. 관찰하듯 서랍 구석구석을 뒤적인다. 쓰다만 색연필이 키를 달리한 채 비닐통에 담겨 있는가 하면, 실을 감은 색색의 작은 실패가 통속이 제 방인 양 나란히 누워있다. 온갖 소품들이 자리를 쪼개어 옹기종기 앉아 있다. 서랍마다 빽빽하다. 작은 물건 하나를 사더라도 일일이 엄마인 내게 알리던 어린 딸아이, 낱낱의 물건마다 둘이서 주고받았던 사소한 말들이 희미한 추억의 그림자로 어른거린다.

맨 아래 서랍을 연다. 내용물이 흘러내릴 듯 속이 꽉 차긴 마찬가지다. 정렬된 잡다한 물건 사이에 흰 비닐봉지 하나가 보인다. 별생각 없이 풀다 그대로 멈춘다. 바짝 마른 딸아이의 탯줄과 태어나 처음으로 입었던 배냇저고리 한 벌이다. 장롱 깊숙이 넣어두었다가 시험 칠 때마다 부적처럼 품고 갔던 귀중품이다.

이십육 년 전의 시간이 번개로 달려와 내 앞에 선다. 출산 예정일 보름 전이었다. 아침을 먹다 양수가 터져 밥상을 그대로 밀쳐 둔 채 옷 보따리를 챙겨 병원으로 간다. 고함

가득한 대기실 한쪽에 나도 눕는다. 분만촉진제 링거주사가 내 팔에 꽂히고 점점 통증의 주기가 잦아든다. 분만이 가까워져 온다. 통증에 문을 박차고 멀리 달아나고 싶다. 몽롱하다. 탯줄이 목을 두 번이나 감고 있어 아기가 위험하다는 분만실 의사의 다급한 목소리에 정신이 퍼뜩 든다. 안간힘을 다한 후에 들리는 건강한 아기의 울음소리, 희열의 순간이다.

아이와 지냈던 많은 날이 사진첩 속의 그림처럼 순서대로 펼쳐진다. 엄마와 떨어지지 않으려 옷가지를 움켜잡고 울어대던 아기는 이제 스스로 멀어져간다. 잠 한번 실컷 자보고 싶어 잠시만이라도 내게서 좀 벗어나 주었으면 했던 그 시간이 아련한 그리움으로 다가온다. 내게 왔던 모든 것은 또 그렇게 내게서 흘러갈 모양이다.

점점 멀어져 가는 것이 어디 자식뿐이랴. 마음을 다독여도 요즘 들어 자꾸만 우울해진다. 몇 개월 전부터 느껴지는 내 몸의 변화, 양도 점점 줄고 소식마저 뜸해져 속상하고 불안하다. 다 비워지는 것 같은 공허함에 밥맛도 차 맛도 없다. 귀가 아프도록 들은 갱년기에 대한 언니들의 열변도 소용없다. 모든 것이 심드렁하고 재미없다.

나의 또 다른 방이 식어가고 있다.

사소한 슬픔

"그냥……."

나도 몰래 흘러 나온 말이다. 그 많던 할 말은 어디로 가 버린 것일까. 웬일이냐고 되묻는 J의 말에 나는 '그냥'이라는 말만 반복한다.

한 달 전, J에게서 전화가 왔을 때다. 반가움에 나는 어쩐 일이냐고 물었다. J는 세 번째 똑같은 대답을 했다.

"그냥……."

혹시 말하기 어려운 부탁이라도 있나 싶어 말꼬를 터 주려 이것저것 줄기를 건드려보지만, 전화를 끊을 때까지 '그냥이라는 것 외엔 별다른 말이 없었다. 그녀가 남긴 두 음절이 귓가에 맴돌았다. 떨쳐버리려고 하면 할수록 궁금증의 물이랑으로 번져나갔다.

　전화 한 통화의 눅진한 여운이 종일 그림자로 따라 다녔다. 흘려들을 수도 있는 그 말에 나는 왜 이리 마음이 편치 않은 것일까. 참을 수가 없어 저녁쯤에 J의 집으로 전화했다. 하지만, 집을 비웠는지 전화를 받지 않았다. 몇십 년 동안 왕래가 없었던 우리 사이다. 그런데 뜬금없이 그녀는 내게 전화를 했고 '그냥'이라는 말만 반복했다. 무슨 절박한 고민이라도 있었던 것일까? 아니면 반가움에 연락해놓고는 선뜻 할 말이 나오지 않아 같은 말만 반복했던 것일까. 어린 시절을 떠올리기만 해도 짠해지는 나처럼. 그녀도 뻐꾸기와 뜸부기 소리가 그리웠던 것일까. 그래서 같이 얘기할 친구를 찾았던 것일까.

　J는 초등학교 친구이다. 공부를 잘했지만 중학교를 가지 못했다. 가난한 부모가 할 수 있는 것은 상처를 알기 전에 일찌감치 꿈을 봉해버리는 것이었나 보다. 내가 하얀 교복 칼라를 나풀거리며 영어 알파벳을 배울 때 고향을 떠난 그녀는 방직공장에서 일한다는 소문이 들렸다. 일찌감치 도회지 생활에 젖어든 것이다. 길의 방향이 달랐던 그녀와 나는

자연 만남이 뜸해졌다. 그러던 중 언제부턴가 친구들과도 연락이 되지 않는다고 했다. 그녀에 대한 걱정은 길게 똬리를 틀다 또 다른 궁금증으로 부풀어 친구들의 입김을 타고 서울로 부산으로 날아다녔다. 어디로 꼭꼭 숨어버린 것일까. J에 대한 얘기가 친구들 사이에서 나올 때마다 어릴 적 추억이 물안개처럼 일어났다.

 J가 살던 곳은 우리 동네보다 한참이나 더 산골에 있었다. 버스는 없었고, 세상과의 소통은 오솔길이었다. 책보를 허리에 맨 단발머리들이 오솔길을 따라 오르내렸다. 고무신은 이슬에 젖어 자주 미끄러웠다. 산중턱에 제 편할 대로 앉은 집들은 볕이 오래 들어 봄나물 말리기에 좋았다. 명절엔 망아지처럼 친구들과 몰려다니며 그 높은 산동네에서 놀다가 밤이슬에 젖으며 집으로 돌아오기도 했다.

 그녀는 유난히 들꽃을 좋아했다. 교탁 위의 도자기 화병엔 항상 J가 꺾어온 꽃들이 피어 있었다. 봄에는 진달래, 여름엔 검은 점이 찍힌 빨강색 산나리를 한 묶음씩 들고 왔다. 가을엔 연보라색 들국화를 억새와 꺾어왔다. 가끔은 윗옷 앞자락에 산딸기나 오디도 보듬어 와서, 다투어 내미는 친구들 손바닥에 집히는 대로 나누어 주었다.

 제 앞만 보며 살다가 자식들 중·고등학교에 가게 되자 나도 팍팍한 일상에서 좀 벗어날 수 있었다. 동기회 소식이 왔고 나도 참석했다. 한 친구가 그동안 궁금해 하던 J의 소식을 물고 왔다. 식당 안이 조용했다. 그녀는 결혼했고 아이도 셋이나 두었다고 했다. 소식은 그것이 다였다. 또 다시 그녀의 모습이 아른거렸다. 이른 봄날, 은빛 버들강아지를 꺾어 들고 학교 앞 언덕을 넘어오던 모습이 떠올랐다. 학교를 마치고 해 질 녘까지 우리 동네 당수나무 숲 풀밭에서 공기놀이 했던 것이랑 가끔은 농사일을 거드느라 한참이나 학교를 나오지 못했던 날들도 생각났다. 그녀를 생각하면 짠해오는 그 무엇, 나는 그 자체를 추억이려니 여기며 일상에 다시 젖어들었다.

그로부터 몇 년이 더 지난, 얼마 전이었다. 동기회 때다. 그녀가 참석할 것이라는 소식에 가슴이 두근거렸다. 추억 이야기에 밤이 모자랄 것 같았다. 무슨 말들로 말꼬를 틀까. 그녀는 나와의 추억을 얼마나 기억할까. 그러나 기대와는 달리 인사 이후엔 서로가 말이 없었다. 절벽을 마주한 채 멀리 바라보는 느낌이었다.

그런 그녀가 며칠 전 뜬금없이 내게 전화를 했던 것이다. 무슨 일이었을까. 본인도 궁금한 것이 많았던 것일까. '그냥'이라는 압축 언어 테두리에 소리 없이 흐르는 그 무엇, 은근히 마음이 조였다. 만날 수만 있다면 세월의 더께를 벗어버리고 밤새 이야기도 하고 싶었다.

　전화를 건 사람은 나다. 웬일이냐는 그녀의 재차 물음에 할 말이 얼른 생각나지 않는다. 수많은 단어들이 허공에서 부딪치다 사라질 뿐이다. 어쩐 일이냐는 그녀의 음성이 다시 수화기로 들려온다. 예상치도 않은 말이 내 입에서 흘러나온다.
　"그냥……."

# 3부 그 골목

별 - 로체스터

그동안 잘 계셨는지요.
쌓인 낙엽이 바람에 뒹구는 늦가을입니다. 그곳은 어떤 모습일까요.
저는 지금 넓게 번진 저녁놀을 보고 있습니다.
주방으로 비춰드는 붉은 빛이 오늘따라 참으로 부드럽습니다. 저녁 준비하던 일을 잠깐 멈추고 찻주전자에 불을 올립니다. 이런 날이면 저는 향 짙은 커피 한 잔을 천천히 음미하며 저녁놀에 물든 서쪽 하늘을, 어둠이 저녁놀의 여운을 다 거두어 갈 때까지 그 광경을 지켜보기를 즐기지요. 나의 이 별다른 행동은 저녁놀을 보는 날이면 반복되는 일이지요. 하지만, 오늘은 평소와 다른 기분으로 석양을 보고 있습니다.

로체스터!

하필이면 왜 저녁놀을 보며 당신을 생각했을까요. 그렇지요. 수많은 것들이 세상을 채우고 있다 하여도 제가 보지 못하고 듣지 못한 것은 처음부터 없었던 것이지요. 세상의 기준은 저 자신이니까요. 이처럼 서로가 엇갈린 채 살아가는 것이 그 얼마나 많은가요. 그럼에도 불구하고 당신은 어느 날부터 제게 특별한 의미로 다가왔지요. 그 특별함은 저를 항상 외롭게 했고, 외로움은 붉게 물든 저녁놀을 남기고 사라지는 해를 따라 어디쯤인지도 모를 당신이 있는 곳으로 가도록 부추겼지요.

로체스터!

이처럼 당신은 제게 외국의 어떤 도시보다도 각별한 이름이었지요. 흔히 입에 오르내리는 뉴욕이나 샌프란시스코 등과는 다른, 발음조차도 익숙하지 않아 생소했지만, 당신은 뭔가 아득한 그리움으로 다가왔지요. 세계에서 가장 유명한 외과 병원 메이요클리닉을 안고 있다는 것 때문이었을까요. 천만에요. 그것은 눈으로 보이는 것만을 이야기할 때의 일이지요. 당신을 생각하면 그저 끝없는 수평선 위를 나는, 가물가물 멀어져가는 한 마리 새를 바라볼 때의 아련함 같은 것이었지요.
　로체스터!
　그동안 당신은 제게 얼마나 많은 그리움과 아픔을 주었는지 아시나요. 제가 당장 갈 수 없는 너무도 먼 곳이어서가 아닙니다. 당장이 아니라 평생 동안 가보지 못한 곳이 깨알같이 많은데 무얼 그리 애탔을까요. 문제는 스스로의 처지를 알면서도 잠재우지 못하는 제 마음이란 놈의 서글픈 모습을 볼 때였지요. 거기다 그 어느 것도 뿌리칠 수 없는 쇠심줄같이 질긴 현실의 끈이 너무도 슬펐지요. 불가능이라는 단어 자체보다 그 말이 어디에 적합한지를 제가 잘 알고 있다는 사실이 저를 더 슬프게 했답니다.
　로체스터!
　지난 오월쯤이었던 가요. 처음 당신의 이름을 접했을 때, 저는 당신의 모습이 궁금해 조심스레 인터넷을 뒤적였지요. 당신의 작은 체구는 그다지 어렵지 않게 우뚝 제 앞에 나타났었지요. 화려한 명성이 당신을 온통 감싸고 있더군요. 무엇보다 제가 하고 싶은 말은 그날부터 당신과의 거리를 좁히려는 저의 부질없는 짓이 시작되었다는 것이지요. 그러나 그 대가는 엄청났어요. 솟아오를 수 없어 땅 아래로만 흐르는 지하수처럼 표현할 수 없는 감정은 온몸 구석구석 돌아다니며 저를 젖게 만들었지요.

로체스터!

그동안 누가 저를 위로해줬는지 궁금하지 않으시나요.

그들은 제가 평소에 관심도 없었던, 언뜻 얼굴을 스치는 바람과 높은 하늘의 어딘가에서 떠밀려오는 구름, 한 번씩 내리는 비 그리고 지구를 골고루 비추는 해와 달이었지요. 한 줄기 바람의 끄트머리에서 거리를 알 수 없는 먼 곳의 향기를 맡았고, 비를 맞으며 이국의 아련함을 느꼈지요. 당신과 같이 볼 수 있는 해와 달이 하나뿐이라는 사실이 제게 얼마나 위안이 되었는지 모르시죠. 특히나 늦은 밤 휘영청 밝은 달은 저를 서럽게까지 했지요. 그것은 슬프고도 행복한 일이었지요.

이제 저녁놀이 한곳으로 다 몰려갔네요. 멀지 않아 어둠이 아스라이 내려앉겠지요. 저녁을 준비해야겠지만, 좀 더 머뭇거려지네요. 추억을 들춰낼 때 말고는 당신을 생각할 일은 없을 것 같습니다. 그건 저와의 약속이기도 합니다. 혹시나 남았을 당신을 향한 몇 가닥의 제 마음마저 며칠 전 모두 거두어들였답니다.

결심했지요. 당신의 모습을 한 장의 그림으로 남겨두기로 말입니다. 당신의 이력을 대표하는 그 유명한 메이요클리닉도 그림에 넣을 겁니다. 그리고 고운 추억으로 간직하려 합니다.

어렴풋하던 저녁놀마저 완전히 사라지면 저의 이 잡다한 감정도 모두 가라앉겠지요. 골고루 내리는 어둠처럼 제 가슴속도 무언가 정교함으로 채워졌으면 합니다.

'그동안 제겐 너무도 아련한 당신이었어요. 고마워요. 감사해요. 로체스터여! 안녕!'

컴퓨터를 뒤적이다 오래 전에 쓴 편지를 발견했다. 의료연구를 위해 로체스터로 이사를 갔다는 그분의 소식을 풍문으로 듣던 날, 너무도 서운해서 편지를 쓰듯 긁적여 깊숙이 감춰두었던 글이다. 사실 그분과는 안면 정도 있는 사이다. 더군다나 로체스터는 지구의 어디쯤에 붙었는지 감도 잡히지 않는다. 어쩌면 로체스터는 천진난만한 어린 시절부터 막연한 그리움으로 올려다보았던 밤하늘의 별 하나가 아니었을까.

로체스터 : 미국 미네소타주에 있는 도시 이름

비밀 동굴

아이구 그 가시나 생각하이 또 속이 뒤집힐라 카네 같이 여행 가자 했으며 약속을 지켜야지 친구 만나야 된다고 두 달 전에 한 약속을 단박에 펑크 내다니 도대체 있을 수 있는 일이가 말이다 딸내미 혼자 외국 보내려니 걱정된다는 저거 엄마 말 듣고 맘이 짠해서 갈 생각도 없는 막내에게 통역이라도 해주라며 부추겼는데 뭐? 9일 동안 다닐 곳 여기저기 예약 다 해놨는데 이제 와서 취소한다고? 그것도 출발 이틀 전에 에라이 싸가지 없는 가시나 생각할수록 약이 오르네 이카이 내가 잠이 우예 오겠노 눈만 따갑고 머리는 더 말개지고 에구 답답해라 내일 고마 저거 엄마한테 퍼부뿌까 사람을 놀려도 유분수지 이게 무슨 짓이냐고 따지면서 지 맘대로 가자했다가 지 맘대로 취소하고 이게 다 큰 고등학생이 할 짓인가 말이다 남의 입장이야 우예 되든 말든 지 하고 싶은 대로 하는 버릇없는 가시나 그것도 모르고 그동안 신경 쓴 우리 막내 생각하이 또 속이 뒤집어 질라 하네 비행기표 예약 뿐이가 일정 예약할 때마다 일일이 전화해서 의논했는데 그 가시나는 지 쪼대로 한방에 취소해뿌고 남한테 함부로 그카머 그 가시나 똑 같이 지도 당할 끼다 우리 막내를 뭘로 보는 거고 이런 말 누구한테 캐봐야 내만 실없는 사람 될 끼고 아구아구 말한들 머 하겠노 어차피 엎질러진 물인데 그런 판에 머 잘했다고 내 말에 한마디도 빼지 않고 따박따박 변명하는 거 보이 그 가시나 보통이 아닌 기라 아이구 그런 걸 집에 가마 놔두나 내 같으머 당장 쫓아내 뿔낀데 아구아구 내가 등신이제 오지랖을 부릴 데 부리야제 머할라꼬 지밖에 모르는 저런 가시나한테 시간 없는 막내보고 같이 가주라고 부탁했던공 이런 오줄봉태기가 어딘노 그렇다고 어데 가서 하소연할 수도 없고 울화통이 터진다 터져 짜증나 죽겠는데 옆에 남자는 와 이래 눈치도 없이 시끄럽게 코를 곯아 샀노 남 잠 안 올 때 코를 더 곯아대는 거는 무신 심뽀고 참내 아래께 지하철에서 봤던 그 영감쟁이도 보통 병이 아니제 젊으나 늙으나 지밖에 모르는 거는 주위 사람 스트레스만 주는 기라 지가 머 옛날 기관장 했으믄 했지 우리하고 무신 연관이 있다고 '나는 이런 사람이야 카노 그카머 누가 알아 줄 줄 아는 모양이지 자만이 꽉 차가지고 대접 받을라고 캐사도 하이구 다른 사람은 어데 등신이가 그 속이 훤히 다 보인다 보여 차라리 밖으로 떠들어대며 자랑하는 7동 경비아저씨가 훨씬 순수하제 앗따라 포항 그 영감쟁이도 인자 안 죽었겠나 어지간히 사람 죄쌨터니만도 근데 발뒤꿈치가 와 또 건지럽노 오늘 스타킹을 신었더니 무좀이 재발했나 연고를 좀 바를까 거실 둘째 서랍장 안에 연고 있는 거 봤는데 에이 고마 귀찮다 내둬뿌라 금방 발이 머 우예 되겠나 포항 그 영감쟁이 하이고 빼딱한 갈고리 하나 딱 숨기고 겉으론 안 그런 척 했제 아주 자기를 낮추는 척 해도 소용없다 카이 우리 같은 사람 상대해주는 것만도 자신의 큰 배려라꼬 거만함이 꽉 차 뭐 남이 모를 줄 알고 사람 속에 귀신 있다는 거 와 모르노 참 불쌍체 교회 열심히 가샀터마 천당은 갔을랑강 수완이 좋으이 하느님도 잘 구슬렸을 끼구만 욕 얻어먹은 것만도 한평생 배불렀을 끼고 그 가시나나 그 영감쟁이나 에라이 '고수레'다 하하 요 공간 진짜배기로 좋으네 온갖 흉을 입이 찢어지도록 해도 호호

남들이 절대로 모르고 그래서 실컷 속 풀 수 있고 요런 공간 하나 없다면 우째 살겠노 답답해 다들 미치가 돌아댕길 끼다 거리마다 정신병자가 수두룩할끼라 신은 신인기라 우째 사람한테 요런 요긴한 곳을 만들어놨는지 시원하게 풀고 나이 아 가슴이 시원하다 뻑뻑하던 머리도 괜찮아졌뿟네 그카이 잠도 올라카네 인자 잠이나 좀 자자 근데 내가 욕을 너무 마이 해뿟나 하하 내가 무슨 짓을 한다 한들 남이 우예 알겠노 절대로 절대로 알 수 없으이 얼마나 좋노 속이 터져 내가 죽을 판인데 모르게 욕 좀 해대도 안되겠나 큭큭 하기야 내한테만 요런 비밀장소 있겠나.

그 골목

입구를 들어섰을 때였다.

몰려오는 시간의 물살에 가슴이 싸해졌다. 기억하던 것보다 폭이 너무 좁은 데다 보도블록은 거의 갈라지고 부스러진 모습이다. 허물어진 하수구 주위와 군데군데는 크고 작은 잡풀이 제 집인 양 들어앉아 있다. 골목을 두른 고만고만한 집들은 그대로 있어 다행이다. 그러나 달그락거리는 그릇소리와 깔깔 넘어가는 아기 웃음소리, 앙탈 부리는 개 소리는 들리지 않는다. 비어진 시간은 횅한 바람으로 밀려온다.

새댁 시절의 세 든 집을 찾아가 보는 중이었다. 그때의 주인이 오래전 떠난 후라 찾아가 본들 초인종 누를 집도 없다. 하릴없이 옛집 대문 앞을 얼쩡거린다. 목을 빼고 들여다보아도 나무 그늘에 가려 안 모습은 보이지 않는다. 허전함을 달래며 돌아서다가 앞집 대문 앞에서 멈춘다. 비스듬히 놓인 블록 하나를 구두 끝으로 밀어 대충 깔고 앉는다. 그런 내가 수상하게 보이기도 하겠지만, 금방 돌아서 나가기엔 왠지 섭섭해서이다. 골목의 공기를 들이마시며 그냥 한번 앉아있고 싶었다.

내 구두 소리가 멈추자 골목도 고요하다. 어둠은 벌써 구석진 곳에서부터 번져온다. 바람이 건듯 분다. 재래식 화장실 냄새가 슬며시 콧속을 비빈다. 잡다한 그 시절 일들이 들쑥날쑥 몸을 내민다.

모퉁이를 돌며 달음질치는 딸아이의 발소리가 들리는 것 같다. 나 몰래 살금살금 마당을 나와 잼싸게 껌을 사러 갈 때의 모습이다. 딸아이와 나불거리던 다섯 살 은지와 부엌으로 수북한 밤 껍질에 싸여있던 은지 엄마, 내게 뜨개질을 가르쳐 주느라 빨래 타는 줄도 몰랐던 그 옆집의 향미네, 그리고 뒷집 민정이네 등 날마다 오갔던 골목의 시간은 어디로 갔을까. 골목 비질하는 소리, 집을 오가며 디뎠을 수많은 발자국들, 돌돌거리는 유모차 바퀴소리까지 내 싱싱하고 푸른 날들.

돌아보면 모두가 귀한 것을, 하찮다고 아무렇게나 흘러보낸 시간이 그 얼마나 많았던가. 시시하다고 밀쳐버린 한때의 내 젊음이 이토록 간절하게 그리워질 줄은. 화려하든 무의미하든 그건 내 안의 일이라. 흐를 수밖에 없는 것이 시간이고, 대부분이 시간 속에서 낡아간다는 것, 결국 모든 것은 외로움을 향해 흘러간다는 것을 옛 골목은 내게 알려주고 있다.

인기척에 고개를 든다. 왼쪽 골목 끝의 어둑한 곳에서 희끗한 물체가 천천히 내게로 다가온다. 등이 반쯤 접힌 할머니다. 하도 적적해 나와 봤다며, 나와 봤자 아무도 없다는 걸 알고 나왔는데 웬 사람이냐며 화색 완연한 얼굴로 몇 번이고 팔을 크게 벌렸다가 오므린다. 그리고는 맨땅에 그대로 펑퍼져 앉는다. 시공간의 퍼즐을 맞추니 은지네 주인집 아줌마다. 키 크고 멋쟁이였던 그 아줌마가 지금 내 앞의 할머니라니 도저히 믿어지지가 않는다.

어렴풋한 옛 사건들을 들추어낼 때마다 '맞다 맞다'라며 할머니는 크게 웃는다. 웃어 본 지도 까마득하다는 할머니는 그때는 애들 소리로 골목이 시끌시끌했는데 지금은 종일 있어 봐야 사람 구경하기 어렵다고 한다. 그저 자식이라도 자주 들러 주었으면 좋겠다는 할머니는 헛헛한 마음을 달래려는 듯 왼손 무명지의 은반지를 쉼 없이 만지작거린다.
 이야기에 빠져 젊은 사람을 너무 오래 붙잡은 것 같다며 할머니는 몸을 일으킨다. 늘어지는 미련을 애써 끊으려는 듯 혼자 중얼거린다.
 "참말로 외로버서. 이 골모작에 풀 난 거 함 보이소. 늙으이 천재 찾아오는 사람이 없니더. '그래도 누굴 원망할 끼 아이다'라꼬 혼자 죽깨봅니더. 한평생 산다는 게 그런 거이까내. 그게 사는 거이까내……."
 할머니의 마지막 말을 곱씹으며 걸음을 옮긴다. 입구를 빠져나오기 전 설핏 돌아본다. 접힌 허리에 두 손을 받친 할머니가 그때까지 나를 바라보고 있다. 적적한 저녁 시간, 이끼 낀 담장 위의 외등이 제 무게만큼 어둠을 밀어내며 골목에 선 또 다른 골목을 은은하게 비추고 있었다.

호박

　머라 캐사도 이곳 널찍한 문양댁 축담이 우리가 앉아있기에 안성맞춤이니더. 아이구 저 보소. 곡식들도 그걸 알고 왔는지 천지삐까리니더. 가실이 되이 자루에도 곡식이 수북하고 마대기 포대에도 넘친다카이요. 수끼 이시기까지 바구니에 축 늘어지게 담기가 축담에 앉아있으이 하이구마 귀물입니다. 시재마끔 갈 곳 찾아 갈 때까지는 이래 어불리가 세월 보내머 안 되겠능교.
　맞심더. 그카머 대지럴요. 먼 또 욕심을 부릴라꼬. 이래 몸은 늙어도 마음은 고대로 있으이 햇빛만 비쳐도 이래 좋심더. 내사 돌무디기 우에 살다 왔다 아잉교. 지가 이짝으로 오던 날 밤에는요 서리가 엄청 왔심더. 그카이 솔띠비기 골짝 비알에 누버 있던 허리 길죽한 호박은 고마 그 자리에 내삐리졌다 캅디더. 시상에 물서리에 몸이 배리뿌래가지고 그랬다 카이 그런 억울한 일이 어데 있겠능교. 쪼매만 참았으마 좋았을 걸 쯧쯧 얼매나 안됐던지요.

 근데 이 마이 많은 호박들이 다 어데 있다가 이짝으로 왔을랑공요?

 그거야 밭둑에 살다가 온 호박도 있을 끼고 아이머 묵디기밭 치저거리에 빈드그리하게 자리 잡고 있다가 온 것도 안 있겠능교. 저 짝 함 보이소. 우리보다 더 누런 호박들도 저래 마이 모디 있심더. 알다시피 우리 호박들이사 점잖다 아입니꺼. 햇빛이 들어도 싫다 카나 바람이 불어도 외면하나 대댕기면 대댕기는 대로 잘 있다 아잉기요. 감자 함 보이소. 얼매나 밸난동. 벧 쪼매마 들어도 싫다꼬 시퍼러이 해가지 속을 디비보인다 아임니꺼. 우리야 천지 머라 카능교. 얼지마 않으며 되이 헛간이나 축담이나 그저 밤이슬 피할 수 있는 곳이머 그만 아잉교.

 하이구 맞니더 맞니더. 까스리하이 줄기에 돋았던 까시도 세월에 녹아 물렁물렁해져 뿌리지고 나니까 희얀하디더. 마른버짐 핀 것도 아무렇지도 않더라 카이요.

그카이까내 인자 용쓸 일이 머 있겠능교. 툭 하면 감 떨어지는 소리라는 거 다 안다 아잉교. 도사가 따로 없다 카이요.

글치요. 아이구 말도 마이소. 하늘을 찢어쌌도록 천둥은 쳐쌌고 불칼을 내리꽂는동 번개가 휙휙 하늘을 갈라놓는 그 시절을 다 이겨내고 살아났으이 이제 겁나는 기 어데 있덩교. 참말로 죽을 똥 살 똥 살았으이 이제 우야든지 몸 간수나 잘 해야 하니더. 자고 나면 새 힘으로 불어나던 몸도 옛날 옛적 이야기고 대신에 내 살았던 곳 한 번씩 생각이나 하고 그래지디더.

아이구 그케요. 사람들이 우리 보고 두루뭉술하이 볼품없다 주깨사도, 눈도 까딱 안 하니더. 욕이 배 따고 들어오지도 않을 끼고 아이고 그보다 시답잖은 소리에 말라꼬 흔들리겠능교. 시간 아깝심더. 몸 성한 것만도 오감치요. 저 옆의 호박 함 보이소. 저래 삐딱하게 앉아있을라 카머 참말로 힘들낀데 아매도 애호박 때부터 돌 틈에 찡깄던 것 같심더. 또 그 옆짝에는 저래 옆구리가 찢어져가 있으이 얼매나 아프겠능기요. 근데 짜증 한 번 내는 거 못 봤으이 맥째 나이 묵는 기 아인 기라요. 짜증 낸다꼬 해결대는 기 아니라 카는 거 우리도 살아보이 저절로 터득 안 되덩교.

호박

돌아보머 꼭 꿈꾼 거 같심더. 내가 이래 툭박시러버도 어릴 적에야 참말로 보들보들했심더. 시상 바깥으로 싹을 내밀 때야 이 천지가 다 내 낀 줄 알았다 아잉교. 하이구마 넝쿨손을 휘휘 저으며 받침대 따라 신나게 허공으로 뻗어 나갔다 아입니꺼. 천지 겁나는 기 없었으이. 한창 시절에야 꼴값 떠니라꼬 닥치는 대로 막 휘감으며 객기를 부렸다 아입니꺼. 울타리가 머꼬 해바라기나 감나무에까지 올라가 뿌랬으이 지금 생각하마 다 부질없는 짓이었다카이요. 팽생 옆에 있을 줄 알았던 시퍼런 이파리가 어느 때부터 시들시들했심더. 결국, 남은 것은 댕그라니 돌무디기 위에 앉은 이 몸통뿐이더라카이요. 그나마 이곳에 와 다행임더. 동료들이 많으이 외롭지 않아 좋심더.

아이구 그래도 너무 처지지 마이소. 꺼칠하고 몸은 둔해졌다 캐도, 생각하는 거는 이상없심더. 아지랭이 아롱거리던 봄날도 있지럴요 또 싱싱한 여름날의 추억도 안 있능교. 이짝저짝 장단 맞춰 울어쌌던 뻐꾸기 소리랑 못자리 할 때 되면 자지러지도록 울어쌌던 깨구리 소리는 생각만 해도 얼마나 좋던지 환청으로까지 들린다카이요. 한창 시절에 만났던 그 호박벌의 눈빛이 와 그래 얼렁거리는지. 혼자 가마이 누버 있으믄 더 생각나는 거 같심더. 어떨 땐 이 생각 저 생각으로 꼬박 밤을 새울 때도 있심더. 잠 좀 못 자면 머 어떻교. 인자사 잠 오면 자고 생각키면 생각하고 그냥 흐르는 대로 살라꼬요. 씨가 있으니 든든하다 아입니꺼. 뒷일이야 그 씨가 다 알아서 할 끼이까내. 안 그렇기요?

누가 뭐라 캐사도 마이 살아본 우리가 더 알지럴요. 욕심을 비워야지. 그 놈의 욕심 때문에 다 절딴났다카이요. 우야든지 속을 비워야 되니더. 물기를 줄이니 이케 편한 걸 왜 일찍 몰랐던공. 온갖 풍상을 겪으까내 저절로 알게 된 것인가 봅니더.

그케요. 옆자리 호박이 꼭대기로 내 옆구리를 찔러싸도 마 괘안심더. 무다이 그카겠나 그럴 만한 사정이 있겠지 카지요. 내 잘났다 니 잘났다 캐사도 똑같은 늙은 호박일 뿐임니더. 남은 가을볕이나 실컷 받고 쪼매라도 더 달착지근한 몸이나 만들어 보입시더. 둥글둥글 호박처럼 살라꼬 카는 거도 다 우리를 보고 하는 말 아이겠능교.

날도 우째 이리 빨리 지나가는동. 시간이 그저 금덩어리니더. 바람도 이슬도 가을벌레도 다 우리 같을 끼라요. 저 하늘 함 보이소. 우째 저캐 푸른동. 마음 다 비우고 보이 세상 이래 편하고 좋다카이요.

대구 지하철 2호선 종점 역인 문양역 주위엔 노인네들로 북적인다. 벤치나 돗자리 위, 정자 마루에 푸짐한 몸보다 더 여유로운 모습의 어르신들이 삼삼오오 앉아 가을날을 보낸다.

선녀탕 풍경

집 근처 목욕탕, 뻑적지근한 몸을 탕에 담갔다.
녹아내릴 듯 편안하다. 자궁 속의 시간이 풀어져 나온 것일까. 부력을 쿠션 삼아 이리저리 몸을 굴리니 익숙하다. 탕 모서리에 앉은 맞은편의 펑퍼짐한 궁둥이가 뭔가를 안다는 듯 빙긋이 웃는다. 실내는 샤워기의 물소리, 어디서 나는지 모를 쏴 하는 소리, 부글부글 거품이 끓어오르는 소리, 거기다 여기저기 왕왕 울리는 목소리로 어수선하다. 귀가 먹먹하니 눈만 끔벅이며 좌우를 살핀다.
탕 안이 점점 복잡해져 사우나실로 간다. 아무도 없다. 창문을 향해 놓인 비스듬한 등받이 의자에 등을 기대니 반쯤 누운 꼴이다. 유리창 너머의 목욕탕 안쪽을 그림 보듯 바라본다.

 탕에는 개구리처럼 목 위로만 물 밖에 내어놓고 명상하듯 대여섯 명이 앉아 있다. 탕 모서리에 편할 대로 걸터앉은 세 여자는 빨대 꽂힌 커피 잔을 아슬아슬하게 옆에 얹어 둔 채 손짓과 함께 목 힘줄을 돋우며 얘기를 주고받는다. 그러다 젖무덤이 출렁거리도록 목을 젖히고 웃기도 한다.

 탕 둘레를 따라 앉은 사람들은 부지런히 때를 민다. 자신의 몸 구석구석을 자세히도 들여다본다. 거울을 보는 창문 쪽의 여자는 강판에 간 오이를 얼굴에 붙이느라 턱을 쳐들고 있다. 그런 사이사이를 거무스름한 음부와 도톰한 유방 꼭지들이 걸림 없이 지나다닌다. 밖에서는 그토록 감싸던 부분을 아무렇지도 않은 듯 슬그머니 부려놓는 모습에서 두둑한 배짱이 보인다. 한껏 움츠렸던 원시인의 유전자가 제 세상을 만난 양 활개를 치는 모양이다.

 목욕 바구니를 든 여자가 두리번거린다. 틀어 올린 긴 머리를 큰 집게 핀으로 슬쩍 집은 아가씨다. 박 덩이 같은 엉덩이를 손으로 슬슬 문지르며 자리를 찾는다. 아가씨의 굴곡진 몸에서 굽이굽이 흘렀을 태초의 물길을 상상한다. 때를 밀던 바로 가까이의 여자, 대야에 물을 채우더니 무릎을 바닥에 딛고는 머리를 감는다. 머리를 대야 속으로 집어넣을 때마다 늙수레한 골짜기를 내 앞에 쑤욱 내민다. 골짜기 사이로 서리 맞은 옥수수염이 슬쩍슬쩍 보인다.

　오른쪽의 젊은 여자도 편할 대로 앉아 부지런히 몸을 씻는다. 훤히 내놓은 젖무덤에서 아마존 강의 원주민 여인이 떠오른다. 속옷만 나와도 화들짝 놀랄 그녀가 양다리 사이 각도를 최대한 벌리고 허벅지 안쪽을 문지른다. 목뼈를 늘이며 고개 숙인 모습에서 암술을 들여다보는 듯 진지하다. 여자의 팔이 움직일 때마다 구중궁궐의 홍합 왕비도 놀란 입으로 내다본다. 그 은밀한 곳도 목욕탕 문지방만 넘으면 노인네 노점상 보따리 펼치듯 질펀하게 풀어헤쳐 놓는다. 도대체 사람의 마음이란 알다가도 모를 일이다.

　"옆에 괜찮은 남자 없어? 애인할 남자 하나 좀 소개해 주라. 응?" 불륜 이야기에는 고개를 갸웃거리면서 만나기만 하면 목욕탕에 몸을 부려놓듯 애인 타령으로 너스레를 떠는 친구가 있다. 진심이란다. 누구보다 가족을 살갑게 챙기고 윗사람에 대한 예의를 깍듯이 차리는 그녀다. 점잖은 그녀가 공개적으로 애인을 구한다는 그 말이 과연 속심일까.

　돈 때문에 남편에게 잔소리 듣고 속상했을 때다. 경제력 있는 k 교사가 부럽다고 하자 같은 전업주부인 지인은 전혀

선녀탕 풍경 131

다른 말을 했다.

"내사 그런 여자들 항개도 안 부럽심더. 지금 내가 너무 행복합니더." 어쩌다 백화점 물건이라도 사면 남편에게 눈치 보여 시장에서 샀다고 둘러댄다는 지인은 정말 경제력 있는 여자를 부러워해 본 적이 없는 걸까.

애써 감추던 비밀스런 곳도 목욕탕에선 다 볼 수 있듯 가슴속 깊이 숨겨둔 사람의 속마음을 한 번 볼 수는 없을까.

상상 속 목욕탕으로 친구를 데려왔다. 포장지를 벗기듯 천천히 육신을 벗긴다. 한 겹 두 겹 몸이 사라진다. 그 자리에 아른거리는 한 덩이의 물체가 공중에 떠 있다. 분자들처럼 쉼 없이 움직이는 마음, 그 또한 양파처럼 겹겹으로 싸여 있다. 이번엔 육신처럼 한 겹씩 마음을 벗겨본다. 날씨와 김장 이야기가 편안하게 흘러나오고 자신을 섭섭하게 한 이웃 이야기가 뒤를 잇는다. 다음엔 구구절절한 시집의 사연 등……. 씩씩하게 자신을 내보이던 마음이 안쪽으로 갈수록 망설인다. 아주 뜸을 들인다. 아예 멈춘다.

이제 달걀 크기보다 작아진 마음, 더는 속을 열지 않는다. 얇아졌다 도톰해졌다 길쭉했다 다시 둥글어지며 모양과 색깔만 바꾼다. 꺼슬꺼슬하다가 매끌매끌하더니 또 올록볼록해진다. 자세히 들여다보려 하면 끝없는 우물로 깊어지고 관심을 거두면 넓은 지평선으로 펼쳐진다. 수시로 바뀌는 마음의 모습에 어질하다. 빙 돈다.

  사우나실을 나오며 실내를 둘러봤다.

  사람들은 이곳을 '선녀탕'이라 부른다. 선녀탕에 미녀는 있어도 마음을 들여다볼 수 있는, 선녀는 없었다.

낮달

 약속 장소에 도착하자 중년의 남자가 아는 척하며 손을 내밀어 악수를 청했다. 나는 얼른 주위부터 둘러봤다. 공원은 조용했고 사람이라곤 저쯤 나무그늘 벤치에 등을 보인 두 분의 노인밖에 보이지 않았다. 그제야 어색한 미소를 지으며 외간 남자가 내민 손을 맞잡았다. 가슴이 콩닥거렸다.
 "그동안 잘 계셨습니까? 몇 년 만인지 아세요?"
 그의 첫마디는 조용하면서도 알 수 없는 힘이 깔려 있었다. 낮은 저음은 오랜 그리움을 반죽한 언어인 듯 그윽하게 들렸다. 훤칠한 키에 연회색 사파리 점퍼와 검은 색 정장바지를 입은 외모가 준수해 보였다.

몸이 녹아내리는 듯 정신이 아득했다. 꼭꼭 다독여 놓았던 감정의 다발이 자꾸만 고개를 밀어 올렸다. 남자에게 문자를 받은 날부터 꽃봉오리로 부풀어 오르던 가슴이 이제는 활짝 피어나고 싶어 바람을 일으키고 있었다. '이러면 안 되는데…….'

며칠 전이었다. 아침 설거지를 끝내고 커피를 마시며 무료한 시간을 보내고 있을 때였다. 연락을 바란다는 문자가 왔다. 아무리 생각해봐도 모르는 번호였다. 잘못 온 문자라 여겨 바로 지워버렸다. 그런데 나를 잘 아는 사람이라며 30년 전의 그날을 기억하느냐고 또 다시 문자가 왔다. 그제야 어렴풋이 떠올랐다. '설마 그 남자가?'

결혼식을 이십여 일 앞둔 겨울 어느 날이었다. 시계를 보며 퇴근할 때만을 기다리는데 옆 자리의 동료가 수화기를 내밀며 의미심장한 미소를 지었다. 얼떨결에 수화기를 받아 들자 낯선 남자의 목소리가 들렸다. 수화기 속의 남자는 근무처와 이름을 정중하게 밝히고 꼭 한번 만나고 싶다며 바로 약속해 주기를 청했다.

순간 머릿속이 엉켰다. 결혼식 날을 잡아 놓았다고 하면 상대방이 무안해할 것 같았다. 또 상대 근무처의 업무가 이쪽 사무실과 연관되어 있어 얼렁뚱땅 하루만 피해간다고 해결될 일이 아니었다. 직접 만나서 사실을 얘기하는 것이 예의라는 생각이 들었다. 그보다 어떤 남자일까 하는 호기심의 발동에다 통쾌하게 남자를 차 버릴 수 있는 좋은 기회라는 장난기도 은근히 발동했다는 것이 더 맞았다.

  약속한 장소는 사무실과 그리 멀지 않은 다방이었다. 문을 열고 들어서자 따스한 커피 향이 온온하게 맞아주었다. 실내를 훑어보는데 거의 여자 손님들만 보였다. 창가 테이블에는 한 남자가 앉아 있었다. 그 임을 직감했다. 고요하면서도 무게 있게 느껴지는 순간 머리에서 발끝까지 몇 줄기 뜨거운 물이 주루룩 흘러내린 듯했다. 안면이 있는, 호감을 가졌지만 감히 다가갈 생각조차 못했던 이름도 성도 몰랐던 그 남자라니. 그만 돌아서라는 소리가 내 귀를 때렸다. 창가로 향하는 마음을 억지로 잡아당기며 출입문을 향해 몸을 돌리는 순간 그와 눈이 마주치고 말았다.

  내가 다가가 마주 앉자 그는 약속을 지켜준 데 대해 고맙다는 말을 했다. 좀 전 내 행동을 눈치라도 챈 걸까. 목소리에는 옅지 않은 진심이 느껴졌다. 나는 꼭 만나야 할 사람을 만난 듯 점점 분위기에 젖어가고 있었다. 사정을 모르는 그는, 우리가 오랫동안 만났던 사람처럼 또 오래 함께해야 할 사람처럼 자신의 고향 이야기부터 앞으로의 계획 등을 조심스레 말했다. 시간이 갈수록 점점 부담이 되었다. '여기까지만 이라며 차 시간을 핑계 대며 일어서는데 그가 연락처를 내밀었다. 전화를 기다리겠다는 말도 덧붙였다. 얼굴이 달아올랐다. 서둘러 다방을 빠져 나와서는 버스가 올 시간까지 시장을 돌아다녔다. 폐부 깊숙이 파고든 감정을 털어내기 위해 찬바람을 후후 들이켰다.

결혼 후 이 개월 정도 직장을 더 다니다 그만두게 되었다. 몇 년이 지난 후 옆자리의 동료를 만났다. 뜻밖에도 잊고 있었던 그의 소식을 듣게 되었다. 동료와 그가 업무관계로 술자리를 한 적이 있었는데 얼근하게 취한 그가 '이 년 동안 짝사랑만 했으니 바보등신이 따로 없습니더.'라며 쓸쓸한 웃음을 짓더라는 것이었다.

자동차 소리에 정신을 차리니 그가 공원 주차장에 세워 둔 차를 내 앞에 세워놓고 있었다. 같이 갈 곳이 있다고 했다. 조수석에 앉은 나는 눈을 어디로 둘지 몰랐다. 얼굴을 볼 용기가 나지 않았다. 중후한 승용차에 근사한 분위기의 그를 보자 무늬만 메이커 흉내를 낸 내 가방을 숨기고 싶었다. 무릎에 얹힌 가방을 손장난하는 척 만지며 실밥이라도 삐져나왔을까 봐 살펴보았다. 이 불편한 감정의 충만을 어떻게 해야 할지 종잡을 수 없었다.

그러는 동안 차는 숲길 입구에 닿았다. 곧게 뻗은 소나무 숲에 도랑물길 같은 오솔길이 나 있었다. 주차장은 비어 있었고 오가는 사람도 보이지 않았다. 좀 더 자유로울 수 있는 공간에 오고 보니 긴장했던 내 몸도 풀어지는 것 같았다. 그는 숲속 안쪽에 괜찮은 찻집이 있다며 걸어서만이 갈 수 있단다. 꼭 한 번 같이 걸어가 보고 싶은 길이라 특별히 이곳을 왔노라고 했다.

구름 속을 걷는 듯했다. 소설 속에서나 있을 만한 일이 나에게도 일어나다니. 황홀한 날들이 다투어 몰려올 것만 같았다. 감당할 수 없을 정도의 행복도 있다는 걸 알았다. 그도 같은 마음인지 연방 미소를 띠었다.

숲속의 요정처럼 보이는 빨간 지붕의 찻집으로 들어갔다. 찻집은 조용했다.

화장실을 갈 동안 서로 손가방을 들어주는 일도 자연스러워졌다.

연인처럼 다정히 마주 앉았다.

외간 남자와의 만남이 이렇게 편안할 수도 있다니. 벌써 나는 그의 넓은 풀밭에 뛰어노는 양이 되어 있었다.

그때였다.

그는 작은 선물 꾸러미 하나를 내놓았다. 의아해하자 잠시 눈을 내리더니 가라앉은 목소리로 말했다.

"언제 또 만날 수 있을지 몰라 이렇게 선물이라도……. 지난 달 명퇴를 했습니다. 좀 더 의미 있는 삶을 살고 싶어 아프리카로 이민을 가기로 했지요. 통신시설도 마땅찮은 곳이라……. 떠나기 전 꼭 한 번 만나 뵙고 싶어 이렇게 연락을 했습니다."

떨리는 그의 음성에 커피 잔을 잡은 내 손이 굳어진 듯했다. 보름달로 훤히 비쳐올 것 같던 사랑이 길을 잘못 들은 듯 황급히 빛을 잃고 낮달로 돌아가고 있었다.

별일도 아닌 것을 두고 남편이 심하게 나무라기에 울적하여 공원으로 나왔다. 빈 의자에 덩그마니 앉았으니 머릿속엔 온갖 잡생각이 들락거렸다. 쌍쌍이 어울린 젊은 연인들을 바라보다가 한 번도 써 본 적 없는 소설 한 편을 상상해 보았다. 가슴 속 하늘에 박힌 아릿한 낮달 하나를 떠올리며…….

문

  망초꽃 엉성한 숲속, 녹슨 문이 스러져 있다. 상냥하던 여신은 언제 떠나버린 것일까. 푸석한 시간의 결만 수북하다. 다달이 장미꽃 다발로 화사했던 그 문은 이제 편할 대로 주저앉았다.
  풋풋한 사랑이 부풀었다 이우는 동안 장미는 꿈 대신 망초꽃을 키웠는가. 뭉근하게 젖어오는 그 무엇, 그리움의 무더기가 툭툭 발에 채인 듯 울컥 목이 멘다. 분명 저곳에 머물렀을 나의 시간, 내 생명이 움트고 자라 세상으로 나온 곳이다. 아득한 향수가 물안개로 밀려온다. 너무 오래 숨겨 버려 곰삭아버린 건가. 목욕탕 안에서나마 노모는 비밀의 문을 조심스레 풀어놓는다.

 딸에게 몸을 맡긴 어머니, 때를 밀던 나는 빛바랜 문 앞에서 나의 시원을 더듬는다. 두터운 세월이 길을 가로막는다는 건, 사람이 만든 편견이 아닐까. 까마득한 과거도 상상속이라면 단박에 닿아볼 수 있으리라.

 동짓달 열사흘이다. 방 윗목엔 걸레가 얼어 꾸덕꾸덕하다. 땀에 젖은 엄마의 몸에 호롱불이 일렁인다.

 시퍼런 빛이 칼날로 번뜩이고 세상을 쪼갤 듯 천둥 치는 엄마의 몸에서 나는 세상을 향해 안간힘을 쓴다. 둥근 꿈을 말아 쥔 두 주먹도 용을 쓴다. 태산같이 버티며 꿈쩍도 않는 문, 지켜보던 찬바람도 땀에 젖는다. 천지가 요동하고 정신이 혼미할 쯤에야 문은 육중한 빗장을 천천히 열어준다.

 찢어지는 첫 울음에 문은 더 활짝 열리고 별, 달, 나비, 바람, 이름 모를 풀들이 옥신각신 미끄러져 나온다. 살구나무, 부엉이, 가재, 송아지……. 한평생의 내 운명도 문턱을 넘는다. 수많은 인연도 우루루 쏟아진다. 또 하나의 우주가 탄생하는 순간이다.

 저 장엄한 문은 어디서부터 시작되었을까. 어머니의 문은 어머니의 어머니, 또 그 어머니의 어머니 문 속으로 연결되리라. 시간의 동굴 속으로 한없이 가다 보면 태고의 문 앞에서 나는 작디작은 존재로 서 있으리라.

　한 생명을 세상으로 내보낼 때마다 엄마는 그 얼마나 땀에 젖으셨을까. 분주했을 문 앞엔 쉰 머리카락이 듬성듬성 제멋대로 누워있다. 우묵한 저 곳이 나의 아득한 고향인 것을.

　샤워볼을 물에 적셔 비누로 부글부글 거품을 냈다. 노모의 허벅지 안을 부드럽게 문지른다. 점점 스러져가는 어머니의 문, 이 거품이 사그라질 동안만이라도 풍성해졌으면.

신 판소리 열녀가

꼭 이맘때의 일이렸것다.
 애간장을 녹이는 손곡댁의 탄식이 또 서갓골을 울렁울렁 울리었는디. 그러니까 칠십여 년 전 동짓달 그날, 해가 서산 자락에서 낭창거릴 즈음였었지라.
 "가죽 잠바 들이가요 저~ 아래에서 올라오고 있니더."
 일곱살배기 계산댁 막내 아들내미가 자빠질 듯 헐떡이며 언덕배기를 기어올라 닥가마 있는 골짜기를 향해 내지른 것은 이른 오후였것다. 화들짝 놀란 아낙들, 양팔을 끝대로 벌려가며 껍질 벗기던 닥나무를 털썩 던지고는 궁둥이를 실룩이며 뿔뿔이 흩어져 집으로 가는디,

머릿수건을 휙 벗어 쥔 손곡댁도 검은 티가 붙은 몸뻬바지를 팍팍 털어가며 집을 향해 바람걸음으로 오솔길을 걸었것다. 발보다 반걸음은 앞선 상체 모양이 흡사 개에게 쫓기는 암탉 꼴이라.

몰래 만들어 먹는 술이 밀주요 밀주 해 먹다 걸리면 운수에 따라 철창행이라. 가죽잠바란 다름 아닌 그 단속반이렷다.

허겁지겁 손곡댁이 사립문을 밀치고 들어서는디 가죽잠바 소리만 들어도 안짱다리가 후들후들 떨리는 통에, 우왕좌왕 헛걸음질이구나. 삐딱한 골방문을 펄럭 여니 흑 덮치는 술 냄새라. 펄썩 주저앉으며

"우짤꺼나 우짤꺼나 이 일을 우짤꺼나. 작년에 잡혔기로 앞을 막고 뒤 가리고 옆을 막느라 빚진 돈이 말 반 지기 논값인데. 돌봐줄 이 없는 이 몸 보나마나 철창행이라. 숨 막히고 심장 터지니 이 신세를 우짤꺼나. 열아홉에 시집와서 스물둘에 과부 되니 이놈의 사나운 팔자에 무얼 더 보태잔 말인고.

어화 세상 사람들요, 이내 말 좀 들어보소. 여편네 혼자 살림 헐렁한 산대미꼴이라. 천수답이 말라가도 쟁

기질을 누가 허이며 땔나무 흔하다 해도 지고 와야 내 것이제. 팔자좋은 여편네는 해도 그만 안 해도 그만이건만 오늘 같은 추운 날에 닥껍질을 벗기자니 어린 것은 칭얼대고 이래저래 멍든 가슴 '차딱 차딱' 닥나무 속대 쌀으며 어르고 달랬건만, 그 늠의 가죽잠바는 왜 또 와서 이 작당인고. 태산 같은 나무볏가리 언제 한번 쟁여보고 연분홍 치마저고리 입고 어느 세월에 꽃놀이 가볼꼬.

　서방 없는 이내 몸을 지게마저 얄보는지 밭둑에서 엎지르고 논둑에다 자빨치고 피가 나고 멍이 드니 이내 가슴은 어떠할꼬. 지붕이라도 이으려면 놉 아니 허고 어찌할까. 놉이라도 할라면은 슬 없이 될 성턴가. 제 집일 다 끝나야 남의일 돌아보니 지붕 이고 담장 치고 땔나무도 해야는디 태산 같은 이 일을 어찌하란 말인고. 기가 막히고 코가 막혀 슘통을 죄는구나.

　하소연을 할라치면 재가 하란 말만 하니 저세상 간 우리서방 날 기다리고 있을 건디 파고드는 그 얼굴을 어찌 내가 잊을쏜가. 이러구러 살자 하니 이 신세가 처량하구나."

정신을 차린 손곡댁이 싱둥겅둥 뒷담을 돌아 뒷집 나뭇벼가리 사이로 술독을 밀어 넣다가 '부시럭' 소리에 정신이 아뜩해 그만 술독 속에 처박힐 뻔했는디 퍼뜩 그 자리를 빠져나가니 실밥 터진 희끄무레한 고무신 한 짝이 나뭇단에 걸려 괘종 불알처럼 흔들흔들하는구나. 놀라기는 뒷집 양동댁도 마찬가진디 마침 가마니에 넣은 누룩을 낑낑 들고 담벼락 옆의 짚벼가리 속에 감추고 있었것다.

손곡댁이 앞밭 콩깍지 무더기에 몸을 디밀고 숨었는디 '엄마 엄마' 어린것이 눈치 없이 불러대니, 힐끔거리는 눈으로 오금을 박는데 그 눈빛이 찰끝 같았어라.

그때야 희멀건 얼굴의 가죽잠바 들이가 끄떡끄떡 고샅길을 치고 올라오는디 품 한번 끝내주는구나. 빗어 넘긴 머리는 포마드로 촉촉하고 일제표 가죽잠바 가죽장갑 가죽구두 온통 가죽으로 번지르르하니 미끄덩 나자빠질세라 파리도 얼씬하지 않을세라. 그척그척 돌부리에 채이는 구두 소리가 골목을 울리는디 아무래도 불안한 손곡댁이 엉겁결에 앞집 대밭으로 쏜살같이 파고들었것다. 대사리에 훌치고 대창에 걸려 엎어지니 비녀는 어데로 흘렀는지 넋 잃은 채 앉은 형상이 대발 귀신이 따로 없었어라.

산골동네에 생기가 돈 것은 이튿날였것다. 전날 무슨 일이 있었는지 서로 눈치만 보는디 전혀 다른 소문이 돌고 있었으니.

"뭐시기? 술 추러 온 게 아이고 이번엔 구장집에 오소리 고기 먹으러 온 기라꼬."

동짓달 그날, 손곡댁의 한 고비가 또 그렇게 지나가고 있었것다.

몸 고생 마음고생 많이 했구먼. 참말로……. 수시로 팔자를 원망했어도 차마 스물셋의 그 남편을 못 잊었제. 꼭 만날 것을 믿었으니 지금 이렇게 오붓하게 살고 있구만이라.

푸석한 서까래만 얼기설기 엉켜있는 집의 마당, 동짓달 찬바람을 맞으며 마른 잡초 속에 서 있자니 생전의 작은어머니 모습이 필름처럼 지나간다. 담장은 허물어져 돌무더기 같고 뒤꼍을 돌아 흐르던 맑은 도랑물은 흔적조차 없어 허전한데 저승에서 흘러오는 열녀가인가. 문득 걸출한 판소리 한 가락이 너울너울 귓전으로 울려온다.

아버지의 가슴

 누워 있던 팔순의 노모가 놀란 듯 일어났다. 발에 걸리는 대로 더듬거리며 신발을 신고는 집 모퉁이 창고방으로 갔다. 부스럭거리더니 급히 나를 불렀다. 창고방에는 마대 포대를 풀어놓은 채 어머니가 앉아 있었다. 포대 속엔 비닐에 싸인 돈뭉치가 들어있었다.
 "너거 아부지가……."
 말을 하려다가 먹먹해 지는지, 노모는 더 이상 말이 없었다.
 딸만 내리 다섯을 낳자 참다못한 아버지는 어느 날 보따리 하나를 마당으로 던지며 어머니에게 당장 집을 나가라고 했다. 자식을 혼자서 낳는 일도 아닌데 어머니는 큰 죄인이 되었다. 출가외인이라 친정으로 돌아갈 수도 없고 어린 자식들 때문에 떠날 수도 없었다. 젖먹이인 나를 모기에 뜯길까 봐 감싸 안으며 뒷논 보릿짚 무더기 속에서 밤을 보냈다. 소리 내어 울 수 없었던 그날 밤을 소쩍새가 밤새 울어 주었다.

  꽉 막힌 산골 동네에서는 오직 아들이 삶의 목적이었으며 목숨이었다. 사방에서 밀려오는 주위의 시선은 아버지를 옥죄었다. 그럴수록 부담은 어머니에게로 왔다. 어머니는 씨받이를 구하기 위해 수소문했다. 살기 위해선 그것이 최선의 방법이었다. 씨받이 여자를 앞세우고 집으로 오던 날은 먼 산이 흔들거려 어지러웠고 하늘이 어둑하여 자꾸만 발을 헛디뎠다. 등에 업혀 잠든 막내딸의 처진 머리만 팔꿈치로 밀어 올렸다. 하지만, 얼마 후 씨받이 여자는 보따리 옷장수와 짜고 쌀가마니에 쌀 대신 짚을 채워 놓고는 도망가고 말았다. 어머니의 잔소리로 여자가 가버린 줄 오해한 아버지는 아랫동네까지 어머니를 끌고 가 다시는 집에 오지 말라했다. 어머니는 억센 세월의 가시에 찔리며 젊은 시절을 보냈다.

  세월이 흐르면서 늦은 나이이긴 했지만, 소원하던 아들

도 낳았고 손자까지 봤다. 쉴 새 없이 들락거리는 자식들이 있어 외롭지 않았다. 딸들의 주선으로 회혼례까지 치러 딸 없는 이웃들에게 부러움을 샀다. 모든 것이 해결되었고 기억을 덮을 정도의 두터운 세월이 흘렀다. 그러나, 상처는 아물지 못했다. 어머니의 평소 말엔 상처가 묻어 퉁명스러웠다. 아버지는 그 옛날 일을 가슴 아파하면서도 그런 말투가 섭섭했다. 살면 얼마나 살겠냐며 정 있게 한번 살아보자는 설득에도 어머니는 변함이 없었다. 소통되지 않은 대화는 마른 모래로 서걱거리며 서로에게 상처를 주곤 했다.

지난가을부터 아버지의 몸이 조금씩 안 좋아졌다. 특별한 병명도 없는, 숨이 차는 노환이었다. 돌아갈 때를 안 듯 병원도 거절한 아버지는 오월 따스한 어느 날, 어머니가 보는 앞에서 눈을 감았다.

어머니는 그만 정신을 놓았다. 아버지가 돌아가시면 눈물 한 방울도 안 흘릴 것 같은 메마른 사람인 줄 알았는데 그것은 큰 오산이었다. 장례를 치르는 삼 일 동안 어머니는 자식도 친척도 몰라 봤다. 목숨 같았던 아들을 보고 누군지 몰라 깍듯이 예를 올렸다. 다행히 시골집에서 안정을 취하자 차츰 정신을 차렸다. 그러면서 누운 몸을 벌떡 일으켜 뒷방으로 갔고 둘둘 말린 마대 포대를 찾은 것이다.

글자를 몰라 은행 볼일을 못 보는 데다 치매 증상까지 있는 어머니이다. 돌아가시기 얼마 전 혹시나 잊을까 봐 포대 둔 곳을 기억하라며 아버지가 몇 번이나 어머니께 부탁했다고 한다.

비닐에 싸인 현금 다발을 풀자 통장도 들어 있었다. 그리고 아버지 특유한 글씨체로 쓴 쪽지 한 장이 접혀 있었다.

'이 돈 다 씨면 대구 이서방내한테 통장 주고 돈 차자 달라 캐라.'

쪽지를 읽어 드리자 멍하니 앉았던 어머니가 힘 없는 손으로 통장과 돈다발을 번갈아 만져본다.

꽁초

조용한 오후, 산골 마을이 흔들렸다.
"굴러묵다 온 년이 어디 아가리를 벌리노."
도리깨를 든 영감의 술주정에 주실댁도 간짓대로 대들었다.
"와? 와? 니는 머가 잘났노? 내 자식 내뻴뿌고 니 자식 맥이주고 입히주고 했으믄 됐지. 뭐를 더 우예라 말이고?"
질세라 서로 쑤시고 때리고 휘젓는다. 잿간 옆의 염소가 매애매애 울어댄다. 뒤엉킨 소리가 골짜기로 깊숙이 스며들자 구경꾼이 모여든다. 한 무더기 코흘리개들과 소쿠리를 든 아지매, 뒷짐을 진 할배, 지게를 진 장정도 삽짝 앞에 서성인다.

 술주정에 지친 영감이 잠이 든 후였다. 주실댁의 치받는 울음소리가 정지 바닥에 낮게 깔렸다.

 그날 아침나절이었다. 기명물을 마당에 훅 뿌린 주실댁은 외닫이 정지문을 닫았다. 건넌방 댓돌 위를 살폈지만, 영감 백고무신이 보이지 않았다.

 "지랄도 대에도 한다. 그새 주막으로 갔는가베. 농사도 읎는 집에 아끼도 시원찮을 낀데."

 말을 우물우물 씹으며 주실댁은 툇마루에 얹힌 재떨이 속에서 꽁초를 집었다.

 "쯧쯧 와 이리 마이 남은 걸 내삐리 뿟노."

 주실댁은 손바닥에 꽁초를 올린 뒤 조심스레 깠다. 한 손으로 치마를 휙 걷어 올려서는 속바지에 달린 담배 주머니를 풀었다. 후줄근한 풍년초 봉지 속에 방금 깐 꽁초 부스러기를 털어 넣었다. 그리고는 궁둥이를 치켜들고 문지방 안을 더듬었다. 팔꿈치 길이만 한 담뱃대를 꺼냈다. 머릿수건을 풀어 툭툭 털더니 다시 썼다. 등에 담뱃대를 꽂은 채 삽짝을 나섰다.

 골목은 경사 심한 내리막길이었다. 발을 옮길 때마다 앞으로 쏟아지는 몸을 바로 세우려 후줄근한 몸빼바지가 제 먼저 비틀거렸다. 돌다리 같은 쇠똥을 피해 아랫집 길산댁 삽짝 앞에 섰다. 반쯤 열린 사립문을 오른손으로 잡고 집안을 들여다봤다. 축담에 놓인 광주리에는 나물이 널려 있었고, 몇 가닥의 김이 가늘게 올라오고 있었다. 식구들이 벌써 밭에 간 모양이었다.

주실댁은 길 옆 돌 위에 엉덩이를 얹었다. 산비둘기 울음소리가 멀리서 들렸다. 부스럭거리며 차고 있던 주머니를 열어 풍년초 봉지를 꺼냈다. 꽁초를 까서 모은 것이었다. 대통 수북하게 담배를 얹었다. 그리고는 엄지가 휘어지도록 꾹꾹 눌렀다. 담뱃대를 입에 문 채 오른손으로 엉거주춤 성냥불을 그었다. 불이 잘 붙지 않아 물부리 빠는 소리가 뻑뻑 났다. 그것도 잠시 허연 담배 연기가 뭉실뭉실 입에서 풀어져 나왔다. 산비둘기 소리가 연기에 골고루 버무려졌다. 주실댁은 허공을 바라봤다.

주실댁이 스물한 살 때였다. 돌아올 때가 훨씬 지났는데도 돈 벌러 간 남편은 오지 않았다. 온갖 수소문에도 찾을 길 없었다. 사망했을 거라 생각한 부모는 서둘러 딸을 재혼시켰다. 세 살 난 딸 하나 데리고였다. 그러나 재혼한 남편도 딸 하나를 두고 저세상으로 가고 말았다. 새댁은 살던 곳을 훌쩍 떠나 아무도 모르는 산골로 왔다. 될 수 있는 한 세상과 단절하고 싶었다. 애비 다른 딸 둘을 데리고였다.

산골 동네에서 세 번째 남편을 만났다. 늦둥이 아들도 하나 두었다. 그러나 나이가 많은 데다 건강이 좋지 않던 세 번째 남편도 몇 년 후 훌쩍 세상을 떠나버렸다.

늦둥이 아들을 데리고 다시 살러간 것이 네 번째 남편인 지금의 영감이다. 입 하나 간수하기 어려운 처지라 보따리 장수를 믿고 두 딸은 남의집살이로 보냈다. 하지만, 십여 년 넘도록 딸의 소식을 들을 수 없었다. 며칠 전에도 성내에서 오는 사람을 붙잡고 주실댁은 딸 소식을 물었지만 소용없었다.

'우리 연숙이와 윤숙이는 어데서 살고 있을꼬. 있는 곳을 누가 갈키준다꼬 캐도 글자도 모리는 내가 어째 찾아가겠노.'

멍하니 돌 위에 앉았던 주실댁은 불기 없는 대통을 돌에다 툭툭 쳤다. 담뱃대를 다시 등 뒤에 꽂고 골목을 돌아 삼거리에서 왼쪽으로 꺾었다. 그 길 끝에는 속내가 통하는 안골댁의 집이 있었다.

주실댁은 며칠 전부터 두 딸 생각에 밤잠을 설쳤다. 딸에 대한 그리움은 주기적인 화병으로 닥쳐왔다. 어디를 가야 딸을 만날 수 있는지, 죽었을지도 모를 자식을 생각하자니 가슴만 답답해 줄담배만 피웠던 것이다.

　안골댁에서 소댕 여닫는 소리가 난다. 주실댁의 걸음이 빨라진다.

　연배인 안골댁과는 속을 터놓고 지내는 사이다. 주실댁은 천장이 흐릿하도록 안골댁과 맞담배를 피웠다.

　"우리 윤숙이너 애리가 나갔는데 여어를 찾아오겠능교? 자식을 내삐리뿌스이 내가 죄가 만치럴. 묵을 꺼만 있었어도 내가 다시 살러 안 갔을 낀데……."

　"지가 엄마 찾을라꼬 마음만 묵으머 어지간하므 찾아올 끼니더. 함 보이소. 주실때기 인심이 다 복을 줄 끼시더."

　연달아 한 대를 더 피우려 주실댁은 풍년초 봉지를 열었다. 화를 다스리는 데는 뭐니 해도 담배가 최고였다.

　편한 시간도 잠깐, 그날도 영감은 술주정으로 주실댁의 하루를 뭉개버린 것이다. 한바탕 울음을 쏟은 주실댁은 정지 바닥에 퍼질러 앉아 밤이 깊도록 담배를 피웠다.

　이튿날이다. 앞밭에 갔다 오던 주실댁이 삽짝에 꽂힌 편지를 보았다. 편지를 쥐고는 서둘러 길산댁으로 갔다. 점심시간을 놓치면 저녁까지 기다려야 했다. 봉투를 본 길산댁이 환하게 웃었다.

　"하이구 아들내미한테 온 편지임더. 뭐라고 썼는지 지가 읽어볼테니 들어보시소."

주실댁의 얼굴이 환해졌다. 어린 나이에 돈 벌러 간 아들의 편지다. 읽어주는 편지글에 고개를 끄덕이기도 하고 못 알아들을 땐 다시 읽어봐 달라고 했다. 주실댁의 팔이 움직일 때마다 소매 속의 멍이 시퍼렇게 보였다.

40여년 만에 두 딸은 엄마를 찾아왔다. 어린 나이에 객지로 나간 늦둥이 아들도 사업가로 성공했다.

차례로 찾아오는 자식들로 주실댁은 우리 동네에서 제일 인기 있는 노인이다. 풍년초가 사라졌지만 주실댁은 여전히 대통을 고집한다. 입을 오므리며 담뱃대를 빨 때마다 대통 속의 꽁초가 노을처럼 번진다.

4부 호미질소리

통증

(요양병원 병실, 두 할머니가 마주 보며 이야기에 한창이다. 오른손을 침대 난간대에 묶인 채 누운 할머니는 두툼하게 괸 이불로 몸이 활처럼 휘었다. 말을 할 때마다 펌프로 조절하듯 배가 불룩 불룩거린다. 접어놓은 간이 식탁에 등을 기대고 다리를 죽 편, 마주 앉은 분은 옆 침대에서 건너온 할머니이다.)

누운 할머니 엊지녁에는요 내가 섁이 상해 죽을 뻔 했심더. 울 어매가 자아 무시를 팔러 갔는데 고마 무시를 수북이 쌓아놓은 구디에 빠져뿌기라요. 그래가 내가 울 아부지를 찾아가가 '와 우리 어매를 이래 고생시키노. 효부상 타고 혼자 사는 시숙 뒷바라지하고 그캤으머 댔지.' 카미 길길이 뛰믄서 내질러뿌랬심더. 보소. 어제 일도 청명하게 생각이 나는데 와 자꾸 내보고 정신없다꼬 카는지.

(고개를 끄덕이며 진지하게 듣던 앉은 할머니가 금방 울 것 같은 표정으로 전혀 엉뚱한 말을 한다.)

앉은 할머니 말도 마이소. 노으까내 딸이고 노으까내 딸이고. 그카이 영감이 날 잡아묵을라꼬 캤심더.

누운 할머니 울 오빠가 둘이나 있어도 낸장 마지래 그때는 어데 갔던동. 내가 어구 야꼬 퍼부까내 할 수 없이 울 아부지가 따라 와가 울 어매를 이짝 저짝 어깨를 쪼매씩 땡기며 무시 구디서 빼내 주데요. 모양도 읎는 어매를 보이까내 속이 휘떡 디비질라 캐서 또 막 퍼부었심더.

(열을 올리며 속을 먼저 널어놓던 할머니가 잠시 숨을 고르자 앉은 할머니는 다리가 저린지 펴고 있던 오른 다리를 세워 발로 침대 시트를 슥슥 문지른다. 그러면서 한숨을 한 번 푹 쉰다.)

앉은 할머니 아들 나아줄 안들을 두 번이나 들났다 아잉교. 동새도 그 안들하고 한 패가 돼가 나를 업신여기대요. 장날 되믄 무다이 안들을 장에 가자고 꼬시샀코 그카먼 안들이 장에 갈라꼬 생 지랄을 떨어사서 할 수 없이 보리쌀 한 말 퍼내주면 호호 하하 거리며 어불리가 장에 가디더.

누운 할머니 울아부지가요 집은 뒷전이었심더. 저 아랫각단 그년하고 내에둘 붙어가 안있었능교. 울 아부지한테 '고 년 같으머 그케 비 오고 치븐 날에 자아(장에) 내보내겠나. 야시 같은 년한테는 안시킬꺼 아이가. 한 분만 더 어매한테 돈 벌어 오라카머 내가 고년 달구지를 확 뿌직어뿔끼라' 카미 고래고래 막 퍼댔지요.

(두 할머니의 대화는 계속 평행선이다.)

앉은 할머니 그때는 "범골 어른인기요." 라꼬 안해줬심더. 아들이 있어야 어른이라고 불러줬니더. 자꾸 딸만 노으까내 영감이 한 분은 보따리 하나 마당에 툭 던지면서 집을 나가라고 카대예. 하늘이 캄캄했심더. 그래가 내가 막내이 딸을 업고 아들 나아줄 안들을 구하러 벅달(동네이름)에 안 갔던기요

(앉은 할머니가 숨 한 번 고르고 다음 말을 이으려 하자 누운 할머니가 흥분된 음성으로 가로막는다.)

누운 할머니 언날 그늠이 안들 하나를 델꼬 와가 내한테 '너거 적은엄마다' 그카능그라요. '이기 무신 소리고. 적은아부지하고 사는 사람이 적은엄마지. 그 적은엄마는 얼마 전에 죽었는데 뭔 말이고' 카이까네 그래도 그케 불러야 댄다 카능그라요. 그카는데 가마 있을 사람이 어데 있겠능교. 절딴을 냈심더. 그늠한테 막 달라들었지요.

앉은 할머니 아들 나아줄라꼬 했는 년한테 말잉기요.
누운 할머니 그늠이 울 아부지아잉교.
(그 말에 뒤로 기대어 앉았던 할머니가 상체를 앞으로 쑤욱 당기더니 합죽이 입을 다시 움직인다. 발음에 용쓰다 보니 말보다 침이 먼저 밖으로 나온다.)
앉은 할머니 아들을 몬 나아가 설움 받은 거 생각하므 억장이 무너지니더. 막내이 아들 놓기 전에는 내가 푹 삶깄디더. 이 속을 누가 알겠능기요.
(그러면서 주먹 진 왼손으로 가슴을 툭툭 친다. 잠시 서로 말이 없다. 청소 아줌마가 바닥을 골고루 밀대로 밀며 지나간다. 락스 냄새가 코 속으로 스며든다. 그 바람에 대각선 쪽 침대 위의 할머니가 잠을 깼는지 뭐라고 중얼거린다. 그러자 지금껏 누워서 얘기하던 할머니가 벌떡 일어나 앉으며 잠깬 할머니를 향해

쩌렁쩌렁 울리도록 고함을 지른다.)

누운 할머니 이 년 어디 처 죽깨고 있노. 니 년을 내가 가만 둘 줄 아나. 저 야시 같은 년, 저 년 때문에 울 어매가 평생을 고생했는데 저 년을 우째뿔꼬.

(앉은 할머니가 고개를 돌려 혼자 중얼거리는 할머니를 향해 턱짓하며 누웠던 할머니에게 묻는다.)

앉은 할머니 와 아들 몬 나았다꼬 카능기요.

누운 할머니 저 년이 그 년 아잉기요. 우리 집구직을 분탕지기 놓고 울 어매 자리 뺏어 간 년 아잉교. 어제는 내가 얼마나 울었는지 모르니더. 저 년이 울 어매를 똥갈똥가리 내 가지고는 박스에 넣어서 울 집으로 부치왔대요. 내가 논두렁에 퍼질고 앉아서 대성통곡을 했심더. 울 어매가 불쌍해서 자꾸자꾸 눈물이 쏟아져서 감당이 불감당이었니더.

앉은 할머니 그케 아들만 하나 나아뿔면 댈 낀데.

간호사가 들어와 차트에 체크를 하며 약을 나누어 준다. 앉은 할머니께는 저녁 먹을 때가 되었으니 제자리로 돌아

갈 것을 권한다. 어머니의 침대에 걸터앉아 졸고 있던 나는 간호사의 말에 얼른 간이 식탁을 올려놓고 어머니를 달래어 천천히 모셔온다. 밥 먹을 시간도 모르는지 TV가 혼자 조잘대고 있다.

오해에게

밤이슬 앉은 뜰에 달빛이 가득하네. 달빛만큼이나 내 가슴엔 자네 생각으로 꽉 차 있어. 오늘은 마주 앉아 술이라도 한 잔 기울이고 싶구먼. 이 분위기엔 유리잔의 맑은 맥주보다는 투박한 사발 속의 걸걸한 막걸리가 훨씬 어울리겠지. 안주 같은 거 신경 쓸 거 있나. 그저 저녁때 먹다 남은 김치 조각이나 마른 멸치를 고추장에 꾹 찍어 먹어도 좋을 거야.

평소의 자네 마음이야 어느 골짜기를 헤매는지는 내가 관여할 일이 아니지. 하지만, 이 시간만큼은 같은 능선을 걸었으면 하네. 쉬엄쉬엄 이야기의 고개를 오르며 세상 바람이 퍼 나른 각기 다른 골짜기의 소식도 헤쳐보고 아래를 훤하게 내려다보는 뭉게구름을 좇아 인간사의 미래도 점쳐 보면서 말이야. 심장 저 아래 묻어 뒀던 언어로 얘기할 수 있다면 오늘밤을 꼴딱 새워도 좋겠어.

고백하자면 어울려 살아가는 일이 쉽지 않더구먼. 세월을 앞서간 사람들 중, 아무리 친한 사이라도 평생 가슴을 맞대며 걸어갔다는 말은 아직 듣지 못했어. 마음이란 물처럼 흐르는 것이고 보니 그것을 묶어둔다는 것은 아주 어려운 일이지. 거기다 수시로 형태를 바꾸니 어느 것이 참 모습인지 알 수가 없어. 서로 헷갈려 결국은 비틀어지지. 내가 하고 싶은 말은 그 부정적인 역할의 중심에 누군가가 있다는 말일세.

참으로 안타까운 일이지. 하필이면 따뜻한 가슴속을 파고 들어 냉하게 만드는 일의 역할이라니. 해서는 안 될 것이 이 간질하는 것 아니겠어. 그는 날마다 해코지할 곳을 찾아 여기저기 살피고 다니지. 걸려들었다 하면 폐부 속 아무리 부드러운 공기라 하더라도 슬슬 엉겨 붙게 만들지. 어떨 땐 단박에 꽁꽁 얼려 버리기도 하더구먼. 그의 몸피만큼 사람의 가슴속은 찬바람이 불지. 아무리 친한 사이라도 한번 그가 들어앉았다 하면 원수로 되기까지 하지. 이 얼마나 슬픈 일인가.

미안하지만, 그가 바로 자네라네. 사람들 사이에 몰래 끼어들어 관계를 불편하게 할 땐 참으로 안타깝다네. 한번 자리 잡았다 하면 자네는 쉽게 사라지지 않지. 바닥 아래 납작 엎드려서는 잊을 만하면 모습을 보이고 잊을 만하면 또 나타나고. 그 끈질긴 숨바꼭질을 즐기는 것이 너의 심보인 줄 알기나 하는 건지.

나도 한때는 자네를 많이도 원망했어. 왜 하필이면 나한테 와서 이러느냐고, 이해할 수 없다고 앙탈을 부렸지. 날을 세우고 밤새 상처 난 가슴을 갈고리로 박박 긁어댔지. 급기야는 병원을 찾았고 약을 먹고서야 제대로 생활할 수 있었다네. 끙끙거리며 몇 년을 그렇게 보냈어. 돌이켜 보면 참 아까운 시간이야.

그러는 동안 가슴은 대장간의 무쇠처럼 달구어졌다 식혀지기를 반복했나 봐. 자신도 모르게 영혼을 단련시키는 일이 된 거야. 나를 봐. 전에 보다는 많이 여유로워 보이지 않니? 세상사 모두 인간의 잣대로 잴 수 있는 게 아니었어. 그 판단조차 우리의 몫이 아니라는 것을. 전부가 자신의 잣대에다 억지로 세상을 맞추려 했으니 지금 생각하면 우습기도 하다네. 따지고 보면 되레 내가 수시로 자네를 불러들인 격이었어.

이해하려고 마음먹으니 다들 편안하게 보이더라구. 달달 볶이어 메마른 마음도 녹녹해지고 말이야. 미모사 같이 뾰족하던 신경도 두루뭉술하게 되더라구. 가슴도 같이 넓어진 모양이야. 길지도 않은 인생에 뭐 그리 안달복달하며 살겠나 싶은 게 그만큼 여유가 생겼다는 거겠지.

자네나 나나 태생의 근원에 대해선 알 수가 없어. 다만 나름대로 그러할 것이라 믿을 뿐이지. 그보다 중요한 것은 현실이지. 한 가지 분명한 것은 이간질하는 자네지만, 결국은 우리 인간과 함께 살 수밖에 없다는 것이야. 왜냐하면 인간의 가슴이 너의 삶터이니 서로 불가분의 관계일 수밖에 없잖니. 그러니 우리 될 수 있는 대로 서로 조심하면서 사는 대로 살아보세. 지네에게서 받은 지난 시절의 상처는 다 잊어버릴 용기가 있어. 어쩌면 나를 이만큼 성숙시켜준 것도 자네 덕분인 것을.

달이 많이 기울었네. 나머지 자투리 생각들은 별빛에게 맡겨 두고 그만 자리를 거두어야겠어. 편안한 마음으로 대작하고 나니 저 둥근 달을 품은 듯 가슴이 넉넉해지네. 밤바람이 많이 차네 그려. 이제 불편했던 모든 일 잊고 우리 편안한 밤을 맞이해 보세. 조금씩 양보하면서 한세상 질펀하게 살아 보자꾸나.

아버님의 낙원

시댁 창고 안을 들어섰을 때다. 검은색의 각진 물건이 높다랗게 쌓여 있었다. 쟁여놓은 모판이다. 아버님은 그 연세에 또 농사를 지으시려는 모양이다. 모판을 보자니, 긴장했던 지난 모내기철이 어제 일인 듯 스친다.

안방에 누워계신 아버님을 홀로 두고 대구 집으로 잠시 올라왔을 때였다. 자신이 곧 죽을 것 같다는 아버님의 말에 며칠 시골에서 머무르려 여벌옷을 챙기기 위해서다. 그런데 새벽부터 연달아 전화를 드려도 아버님은 전화를 받지 않으신다. 팔만 뻗으면 받을 수 있는 전화를 왜 못 받으시는 걸까. 도대체 어떻게 된 일인지, 차려두고 온 죽은 드시지도 못한 걸까. 밤새 아버님에게 무슨 일이라도 일어난 것 같아 덜컥 겁이 난다.

불안감의 시작은 하루 전, 점심을 먹고 난 후쯤이었다.

식사 후 소파에 쉬고 있는 남편한테로 전화 한 통이 왔다. 설거지를 하던 나는 남편 사무실의 전화이려니 했다. 그런데 점점 남편 음성이 심각해져 갔다. 가까이 가서 들으니 서울 시숙 전화였다. 자신이 곧 죽을 것 같다는 아버님의 전화를 받았는데 무슨 일인지 남편 보고 시골에 한번 가보라는 거였다.

일주일 전에 뵀는데 대체 그동안 무슨 일이 있었단 말인가. 다급한 마음에 하던 설거지를 밀쳐 뒀다. 중요한 약속이 있는 남편은 볼일 보라 하고 집 앞 가게서 녹두죽 한 통을 샀다. 시골로 가는 내내 가슴이 둥둥거렸다.

현관문은 다행히 열려 있었다. 안방 문손잡이를 양손으로 쥐고 슬며시 열었다. 이불을 목 아래까지 덮어쓴 아버님은 벽 쪽을 향해 모로 누워 계셨다. 조심스럽게 '아버님예' 하고 부르자 달싹거리는 이불 사이로 '으~~'라는 대답이 흘러나왔다. 모기만 한 소리였다. 어디가 아프며 무슨 일이 있었느냐고 물었다. 그냥 죽을 때가 다 됐다는 말만 반복했다. 119

를 부르겠다고 하니 절대로 병원에 안 가신단다. 당황했다. 며칠 전까지만 해도 건강하셨는데 왜 갑자기 이렇게 되신 건지 참으로 모를 일이었다.

119에 전화하려 휴대폰을 다시 손에 쥘 때였다. 아버님이 두 팔을 뻗디디며 몸을 천천히 일으켜 앉았다. 눈은 눈꺼풀에 반쯤 덮였고, 어깨며 팔은 힘이란 힘은 다 빠진 모습이었다. 아마도 곧 죽을 것 같으니 당신이 불러주는 것을 적으라고 했다. 가방 안의 수첩을 꺼내 들었다. 멧골과 바람골에 둔 토종벌통 위치와 집 앞 밭둑의 오가피나무 개수 등을 말해 주었다. 그러더니 옆으로 쓰러지듯 누워 버리셨다. 들고 간 죽은 뚜껑도 열지 못했다. 끙끙 앓으면서도 병원엔 결코 안 가시겠다고 하니 뭘 어떻게 해야 할지 몰라 멍하니 있었다. 그때였다.

"오늘 아직에 시커먼 옷 입은 사람이 방문 앞에 한참이나 서 있다가 갔데이. 틀림없이 저승사자다."

이불 사이로 아버님의 힘 빠진 음성이 가늘면서도 선명하게 들렸다. 저승사자라는 말에 으스스했다. 자꾸만 방문 쪽을 힐끗힐끗 쳐다봤다. 그때 끊어질 듯 말 듯 가는 소리가 또 들렸다.

"내 죽으머 저 농사는 우야꼬."

'아니 이 마당에 무슨 농사 걱정일까.' 올해 농사는 자식들이 다 알아서 할 테니 전혀 걱정 마라고 큰 소리로 말했다. 그 말을 듣자마자 아버님이 다시 몸을 겨우 일으켜 앉았다. 끙끙 앓는 목소리로 띄엄띄엄 말했다.

"그랄라 카머 오늘 저 못자리에 있는 모판을 건지놔야 되는데."

"아이구 아버님 걱정 마시소. 그 정도는 제가 다 해놓을게요."

그리고는 아버님에게 보란 듯이 몸뻬 바지를 입고 밀짚모자를 썼다. 고무슬리퍼를 끌며 리어카를 앞세워 들로 갔다. 논은 집에서 가까웠다. 못자리에 첨벙 들어가 모판을 건져 논둑에 올렸다. 밀가루 반죽을 밟는 듯 못자리 흙이 차졌다. 파릇파릇한 모들이 살랑거렸다. 이 일 쯤이야 했는데 금세 허리가 뻐근했다. 허리를 펴며 동네 쪽을 볼 때였다. 내 눈을 의심했다. 회관 앞 느티나무 아래에 아버님이 작대기를 짚고 서 계신 것이었다. '아니, 그 몸으로 밖을 나오시다니.' 다시 허리를 폈을 때는 아버님이 보이지 않았다.

모판 건지는 일을 마치자 해가 뉘엿뉘엿했다. 안방 문을 여니 꼼짝도 하시지 않은 듯 아버님은 그 자리에 누워계셨다. 한편으론 긴장했던 마음이 조금 풀어졌다. 상에 죽을 차려놓고 여벌옷을 챙기러 대구 집으로 올라왔던 것이다.

열일곱 번째 전화를 했을 때 아버님의 목소리가 들렸다. 그것도 아주 당당한 목소리였다.

"아이구 야야 새북부터 새들 논과 앞논 모내기 하니라고 인자 들어왔다. 바쁘게 나가느라 전화기도 빼놓고 갔더라. 니 덕택에 올해 모내기 잘 했데이. 놉도 없지럴 마아 죽고 싶었다카이. 너거는 돈도 안 되는 농사 와 짓노 카지만도 할 줄 안다캐봐야 농사밖에 없는데 그걸 맘대로 할 수 읎으이 내가 천지 무신 낙으로 살겠노 싶더라. 허허 모내기 해결됐으이 인자 안 내려와도 된데이."

아버님의 음성이 전화기 안에서 왕왕거렸다. 시든 풀이 수분을 흠뻑 흡수한 듯 탱탱하고 활기찬 목소리였다.

얼마나 절박했으면 아버님은 저승사자가 왔다는 연기를 했을까. 쟁여놓은 모판을 보자니 짠해온다. 대부분 농사를 힘들어하는데, 아버님은 농사를 낙이라고 하시니 농사를 짓는 동안 이 세상은 당신에게 낙원이 아닐까.

꽃

 언덕배기에 있는 부모님 산소 옆에 앉아 고향 동네를 훑어본다. 병풍처럼 두른 산은 산벚이 하얗게 피어 화사하다. 건너편 밭둑의 돌무더기에서 아롱아롱 아지랑이가 솟는다. 개망초 마른 대궁 아래서도 봄맞이를 하느라 분주할 것이다.
 잊지 않고 찾아오는 계절과는 달리 옛 모습을 간직한 곳이 거의 보이지 않는다. 대신 낯선 사람과 건물이 동네를 차지한다. 봄이면 친구들과 가재를 잡으며 놀던 골짜기에까지 또 낯선 건물이 보인다. 차라리 눈을 감는다.
 옹기종기 모여 있던 초가들을 떠올린다. 바지랑대가 밀어

올린 빨랫줄에서 건들거리던 하얀 빨래도 보인다. 집집의 담장 안에는 연분홍 살구꽃이 활짝 피었다. 청석 댓돌 위에는 고무신이 놓여 있고 마당에 널린 거름 위로 노란 병아리가 어미를 쫓느라 넘어지고 자빠진다. 여기저기 소 부리는 소리가 엇박자로 울린다.

너털 웃음소리에 눈꺼풀을 든다. 이마가 훤한 뒷산의 천지바위가 팔을 활짝 벌리고 있다. 허허 웃으며 나의 머리를 곧잘 쓰다듬어 주던 당숙이 생각난다. 감정의 다발이 심장을 지나는지 가슴이 찌릿하다. 친정집 오동나무 꼭대기엔 까치집이 올라 앉아 망을 본다. 눈을 둥그렇게 뜬 것 같은 모습이 담장에 팔을 걸치고 동네를 내려다보던 윗집의 준이 오빠 같다. 서동댁 마당의 가죽나무도 인사를 한다. 태풍에 꺾인 가지로 몸이 기우뚱해도 편안한 모습이다. 한 쪽 수족을 못 쓰던 서동어른이 봄나들이 오신 모양이다. 가죽나무와 나란히 서서 잔가지를 흔드는 단감나무, 열아홉에 생을 꺾인 사근사근한 숙이도 제 아버지를 따라 온 걸까.

동구 앞 당나무 숲이 하늘에서 막 내린 색색의 낙하산 같다. 바람이라도 불면 몽글몽글 다시 떠오를 태세다. 힘이 센 덕바우 아저씨가 멋진 쇼를 준비하는 건가. 주인 잃은 작은 댁 대나무도 오늘따라 몸을 더 일렁거린다. 청상이 되어 평생을 수절했던 작은어머니, 혼령이라도 흔들리고 싶으신 걸까. 앞 배미 못자리의 물결이 리허설을 하느라 차례로 미끄럼을 탄다. 논둑에는 한 아름의 유채가 소복이 서서 화전놀이 공연 대기 중이다. 바로 앞의 노란 민들레들이 까딱까딱 어깨춤을 춘다. 애장으로 흩어졌던 아기들이 한 곳에 모였나보다.

 음색 다른 목소리로 새들이 조잘댄다.
 '이 찌개가 짜다 짜요 저 국솥에 불을 더 넣어요.'
 여기저기서 한꺼번에 떠들어댄다. 도대체 시끄러워 말귀를 알아들을 수 없다고 개가 컹컹 골짜기를 두드린다. 꽈악 꽈악 까마귀 어른이 조용하라 타이른다. 그 말을 듣는지 마는지 재재거림은 멈추지 않는다. 음식 솜씨 좋은 성국댁, 요호댁, 인동댁, 참새댁이 바쁘게 말을 주고받으며 화전놀이 준비로 분주하다. 바람도 신나는지 이곳저곳 건드리며 흥을 돋운다.

 '꼬끼오~~'
 옷골 쪽에서 장닭이 시작을 알린다. 꽹과리 잽이 기선이 아버지가 '잘 한다' 소리치며 흥에 겨워 팽그르르 한 바퀴 돈다. '쳉 쿵차궁자 쳉 쿵차쿵자' 농악을 시작한다. 인동어른

징 소리, 아버지의 장구소리도 바람 타고 들려온다.

 엄마, 큰아버지 큰엄마, 작은아버지, 남전아재와 아지매, 아버지의 아버지, 그 아버지의 아버지……. 하얀 옥양목으로 새 옷 만들어 입고 모두 모여 잔치를 벌인다. 산벚꽃의 환한 모습으로 바람 따라 덩실덩실 춤을 춘다. 가죽나무, 단감나무, 대나무, 오동나무 위의 까치집도 덩달아 일렁인다. 민들레 냉이도 한들한들 몸을 흔든다. 산그늘로 어둑하던 앞산 메주골과 뒷산 복영골도 분칠로 환하다.

 산골 친정 동네가 봄맞이 잔치로 온통 들떠 있다. 사람이 꽃이다.

피지 皮紙

예약한 방에 들어설 때다.

"언니야! 피지다."

벽지를 보는 순간 나도 모르게 튀어나온 소리다. 뒤따라 방으로 들어오던 언니들도 반가워 한마디씩 건넨다. 그 옛날 어두컴컴한 골방의 벽지에서나 볼 수 있었던 피지가 아늑한 고급 한정식 방을 장식하고 있다. 까마득히 잊고 있던 피지를 보자 누가 먼저랄 것도 없이 우리 자매들은 한지 작업 시절을 풀어놓는다.

어릴 적, 고향 동네에서는 부업으로 한지를 만들었다. 타고난 재산이라고는 천수답 몇 마지기뿐이었던 부모님이 우리들의 밥걱정을 하지 않았던 것도 순전히 한지 덕분이었다.

하얀 닥 속질을 풀어 백지를 뜨고 나면 아무리 골라낸다 해도 검은 티가 섞인 찌꺼기가 남았다. 그것을 따로 모아 뜬 것이 피지다. 검은 닥나무 껍질이나 뭉친 속질이 어지럽게 섞여 있어 보기가 흉했다. 말이 한지이지 피지는 그 축에도 끼이기 어려웠다.

있어도 그만 없어도 그만인 피지는 언제나 어둡고 구석진 곳에서 맴돌았다. 백지를 감싸는 포장용이나 기껏해야 골방의 벽지 아니면 방바닥의 도배지 초벌로 쓰였다.

바라던 아들 대신 피지 같은 딸만 둔 아버지는 틈만 나면 지통 밖 양지바른 곳에 쪼그리고 앉아 볼이 우묵하도록 연신 곰방대를 빨아들였다. 그러다가 문득 할 일이 생각난 듯 하얀 옥양목 보자기에 담긴 쌀죽같이 걸쭉한 닥 속질을 정성껏 뒤적이곤 하셨다. 잘못된 호적으로 두 번이나 육이오에 참전해 죽을 고비를 수차례 넘긴 뒤라 아버지의 몸은 성치 않았다. 흐려지는 눈을 비비면서 검은 티를 골라내고 또 골라내었다. 찬 물기에 젖은 손은 언제나 불그레했고, 비스듬히 입에 문 담배에서는 푸른 연기가 실처럼 뽑아져 주위를 빙빙 돌았다. 솜씨 있게 만들어내는 백지와는 달리 아버지는 마흔 중반까지 피지 같은 딸만 내리 다섯을 두었다.
 산골 동네 어른들은 오직 아들 타령만 했다. 아들이 없는 아버지에게 어른 대접을 해주지 않았다. 친척이라고 해서 덜하지 않았다. 양자 이야기로 수군거렸고 큰아버지는 당신의 아들이 양자갈 것이 뻔하니 아버지의 재산은 모두 자신의 것이라며 떠들고 다녔다. 집 앞을 지나가다 가도 여자 아이 우는 소리가 들리면 또 그냥 지나치지 않았다.
 "이 골모자게는 씰 때 없는 가시나만 버글거리노."
 골목에서 울고 있는 둘째 언니를 보고 거침없이 내뱉는 종조부의 질타였다. 어머니는 그 한 말에 손에 잡히는 대로 막대기를 들고서 사정없이 언니를 후려쳤다. 부러진 막대기를 보며 어머니는 언니를 안고 같이 울었다. 집 안에서 들려오는 울음소리에 아버지는 골목 입구 삼거리에 나뭇짐을 받쳐놓고 담배만 연달아 피웠다.
 아들 없는 티를 내지 않으려고 딸들은 몸을 사리지 않았다. 나무를 하고 소 꼴을 베고 냄새나는 거름도 지게에 져 날랐다. 품앗이를 나가는 등 힘든 남자일도 애써 해내곤 했다. 그런 딸들을 보고도 아버지는 칭찬 한 번 해 주지 않았다.
 돌아가시기 이십 일 전 쯤, 아버지는 딸들을 불러 모았다.

숨이 좀 불편했지만, 마지막 자리임을 아셨는지 많은 이야기를 하셨다. 어려운 살림으로 품팔이를 나서야 했던 당신의 젊은 시절 일도 풀어놓았다.

"놉으로 간 사람들이 와 붙어가 논을 매머 주인이 논둑에 서 있다가 뒤처지는 사람 허리를 채찍으로 후리쳤디라. 글도 일도 반불수이인 내가 채찍을 더러 맞았제. 야야 그보다 더 참기 힘든 기 내보고 아들 읎다고 없산여기 볼 때 디라"

그리고는 회한에 잠긴 듯 잠시 말이 없었다. 주위의 눈치 때문에 어린 딸들을 살갑게 대해주지 못했단다. 가슴이 아프다는 말과 함께 두툼한 봉투 두 개를 내밀었다. 자매들끼리 맛있는 것도 먹고 구경도 다니라고 했다.

"동생들 보래이. 아부지가 주신 돈으로 이래 좋은 데서 같이 밥도 묵꼬 참말로 좋데이. 세월이 또 이래 바뀔 줄 우째 알았겠노. 너거들 고생 참 마이 했고 나도 마이 했다. 인자 옛날 꺼는 다 이자뿌고 우리 한 잔 쭈욱 하자."

큰 언니의 말에 한바탕 웃음이 터진다. 밖에서는 가을비가 부슬부슬 내린다. 대청에서 불어오는 시원한 가을바람에 피지들의 얼굴이 환하다.

꽃잎들의 이벤트

"이기 머어꼬오!"

 안방으로 들어가던 남편이 무게가 실린 저음으로 말끝을 길게 뺐다. 못마땅함이 잔뜩 묻은 목소리다. 순간, 좀 전 안방 화장실을 드나들던 막내 딸아이가 떠오르며 남편 앞에 펼쳐져 있을 상황이 짐작되었다.

 '결국은 사달을 내고 말았구나.'

 그러면서 놀란 목소리의 막내 딸아이가 스프링 튀듯 방에서 튕겨 나올 것이라 여겼다.

 "아빠가 모르고 밟아 버리셨나요?"

 예감을 뒤엎었다. 나로서는 상상도 하지 못한 딸아이의

대답에 아연할 수밖에 없었다. 막내가 놀라 했던 것은 부끄러움이 아니었다. 엎질러 버리기 쉬운 물그릇을 방 입구에 놓아두기라도 한 것처럼 단지 아빠를 조금 불편하게 했다는 미안함이 전부였다. 이것이 요즘 아이들의 생각이란 말인가!

 여린 가지의 꽃 봉우리 같은 막내 딸아이가 막 여자만의 행사를 치르는 중이었다. 위로 두 딸아이보다는 좀 이른, 초등학교 오 학년 초부터 치르기에 처신을 잘 할지 내심 걱정이었다. 주의 준 대로 잘한다 싶었는데 오늘은 깜박 뒤처리를 잊어버린 모양이다. 일이 그쯤 되었으면 딸아이가 놀라 자기 방에서 후다닥 튀어나왔어야 될 일인데, 모습은 보이지도 않고 목소리만 문밖으로 내보냈던 것이다.

 막내 딸아이의 아무렇지도 않은 태도에 내 머릿속은 한참 동안 공백 상태가 되었다. 내 시야의 한계보다 한참이나 앞서가는 세월의 속도에 어지럼증이 났다. 딴에는 딸아이에게 관심을 두고 있다고 생각했는데 크게 잘못 짚고 있었다. 허탈감마저 밀려와 헛웃음만 났다. 세대의 차이가 선명한 촉감으로 닿았다. 어른이랍시고 내 주장만 세우며 고리타분하게 훈계하듯 하다가는 언제 구석방 늙은이로 취급받을지 모를 일이다. 한편으론, 무조건 수치스러움으로 치부했던 시대를 생각하면 오히려 속이 시원하기도 했다.

　죄를 지은 것도 아닌데 왜 그리 움츠리며 지내 왔을까. 여자의 몸에서만 피어나는 귀하고 아름다운 꽃임을 이제야 알아준 것 같아 다행스럽기까지 하다. 나보다 좀 더 젊은 부모들은 딸아이의 초경이 시작되는 날이면 집안을 온통 축제 분위기로 만든단다. 아빠는 싱글벙글하며 케익을 들고 오고 엄마는 딸아이 줄 선물 고르느라 고민한다. 생각하기에 따라 이렇게 달리 볼 수도 있는 것을.

　딸이 셋이나 있는 우리 집은 다양한 이벤트가 즉석에서 벌어진다. 딸아이가 거실 화장실에 앉아 소리친다.

　"아빠! 안방 화장실에 있는 생리대 좀 갖다 주세요."

　그러다 사이즈를 잘못 가져왔다고 나무라기도 한다. 보고 있자니 내 얼굴이 붉어진다. 발그레한 꽃잎 두어 장을 궁둥이에 붙이고 집 안을 활보할 때도 있다. 남편이 볼까 봐 내가 얼른 알려주면

　"아빠가 먼저 발견해 말해 주셨어."

라며 눈을 찡긋한다. 거기다 한 술 더 떠 이부자리에도 몇 장 뿌려 놓았단다. 때로는 엄마인 나에게 잔소리 들을까 봐 남편이 딸아이에게 얼른 옷을 바꿔 입으라고 말하면 별로 놀라지도 않는다.

꽃잎들의 이벤트　185

"아빠도 한번 해 보실래요. 얼마나 귀찮은지 몰라요."

놀라기는커녕 딸아이는 되레 농을 한다. 저절로 웃음이 나온다. 몸을 숨기며 언제나 어두운 곳에서만 서늘하게 피었던 꽃이 당당하게 자기를 나타낼 줄이야. 신세대의 발랄한 행동에 대리만족마저 느낀다. 평소 몸가짐을 조심해야겠지만, 그렇다고 극도의 수치스러움으로 움츠릴 것까지는 없지 않은가.

'그래 그래. 실수할 수도 있지. 그것이 뭐 그리 죄 지은 일인가. 당당하게 웃으며 즐겁게!'

못마땅해 했던 좀 전과 달리 막내딸아이를 향해 엄지를 치켜든다. 막내딸아이가 활짝 웃는다.

호미질소리

뜬금없이 며칠 전부터 호미질소리가 아련하게 들렸다. 흙과 자잘한 돌에 부딪치는 여린 쇳소리였다. 마무리해야 할 과제가 있어 집중을 하려 해도 음향은 사라지지 않았다. 미련 없이 책을 덮었다. 늦은 점심을 급히 먹고는 두 시간 거리의 친정 동네를 향해 무작정 집을 나섰다.

거미줄로 어지러운 친정 헛간에서 호미를 찾아들고 마을 회관 옆의 밭으로 갔다. 그곳은 어머니가 지팡이에 의지하며 돌아가실 때까지 호미질했던 땅이다.

밭 한편에 누워계신 부모님께 인사를 했다. 토끼풀 꽃 두 송이가 부모님의 손인 양 상석 뒤에서 한들거렸다. 밭에는 손가락 길이 정도의 들깨 모종이 두 포기씩 줄지어 심어져 있었다. 푸른 양탄자를 깔아놓은 듯 쌀알 크기의 자잘한 풀이 밭고랑을 덜고 있었다.

호미질을 시작했다.

"크척크척"

가벼운 쇳소리에 낱낱의 감정이 한꺼번에 깨어나는지 가슴이 찌릿했다.

"크척크척"

야야 호미 끝을 어린뿌리에 갖다 대머 우야노 모종 가까이는 손으로 풀을 뽑아내야 한다 자꾸 떠덩구치지 말고 뿌리를 흙으로 돋아줘야지

엄마 목소리였다. 호미질을 멈추고 귀를 기울였다. 순간 허공에서 녹아진 듯 다른 잡소리만 옅게 들렸다. 주문을 외듯 더 빠르게 호미를 놀렸다. 엄마 목소리를 듣기 위해 온 신경을 귀로 몰아세웠다.

후르륵 한 차례 마른 바람이 지나갔다. 뒷산을 울리는 뻐꾸기의 소리만 들릴 뿐, 산골 동네의 오후는 기도하듯 조용했다.

엄마는 호미질을 하고 어린 나는 콩밭 한편 넓적바위에

앉아있다. 어제는 앞 밭, 그저께는 서갓골 깨밭, 오늘은 엄마가 뒷골 밭을 매는 중이다. 얼굴의 땀을 번갈아 팔로 훔치며 비탈진 밭에서 엄마는 종일 호미질을 한다. 흘러내린 머리카락을 쓸어 올리며 희끄무레한 머릿수건을 다시 쓴다. 각다귀가 달려드는지 가끔 호미를 털썩 놓고 손으로 다리를 탁 친다. 풀숲 그늘에 덮어둔 물주전자를 들고서는 꼭지 째 벌컥벌컥 들이켠다.

'어구야꼬 올라오는 저 풀을 우짜꼬..'

잡풀로 자부룩한 건너 부추밭을 보며 엄마가 혼자 중얼거린다.

해거름은 저 아래서 올라오고 나는 연방 하품을 한다. 손에 들린 노란 산나리가 고개를 비틀고 고꾸라져 있다. 멀리 던져버린다. 바위에 다리를 툭툭 치다가 흔들어도 본다. 엉덩이를 뒤로 당겨 벌러덩 눕는다. 하늘 바다에 구름이 흘러간다. 어지럽다. 뭉게구름 한 곳에 나무 막대기를 꽂아본다. 달콤한 솜사탕에 침이 고인다.

'크척크척'

'윙' 호박벌 소리가 가까이 왔다 멀어진다. 산 너머에서 들려오는 뻐꾸기 소리가 어슴푸레하다. 무쇠뚜껑 여닫는 둔탁한 음이 동네에서 올라온다. 송아지와 어미 소, 개 소리,

닭 소리가 엇박자로 들린다. 골바람이 한 번씩 부드럽게 쓸어간다. 잡다한 소리는 '크척크척' 엄마의 호미질소리로 녹아든다. 아롱아롱 잠속으로 빠진다.

'배고픈데 자지 말고 얼릉 집에 가거레이. 퍼뜩 해놓고 가꾸마.'

엄마의 음성이 호미질소리에 감긴다.

"크척크척"

야야 밭이 뭐 그리 매고 싶노 내사 마 엉기쩡 난데이

엄마는 뭐 한다꼬 그래 일을 마이 했노 이래도 한평생 저래도 한평생인데……

그케 말이다 그래도 내가 배운 기 있나 너거 옷도 사고 공책 연필도 사줄라카믄 그저 죽으나 사나 땅 파는 일밖에 없었제……

엄마 생각하믄 만날천날 땡볕에 앉아 밭 매던 모습만 떠오른다 카이 여름엔 땀띠가 나가 엄마 등이 게딱지처럼 버얼겄제 호미질소리 들으면 엄마 생각부터 난데이.

빌껄 다 기억한다 인자 가거레이 이서방 저역 늦겠다 남은 거는 내가 퍼뜩 다 할 꺼이까내……

해거름에 밀리어 밭고랑을 나오는데 사라졌던 엄마소리가 또다시 들렸다.
'크척크척'

옛날이야기

옛날 옛적에 밤이고 낮이고 베를 짜는 새댁이 있었대. 모두들 잠이 든 한밤에도 '처걱처걱' 바디 소리를 내며 베를 짰던 거지. 새댁은 졸다가 베틀에서 굴러 떨어질 뻔한 적도 여러 번 있었단다. 왜 그렇게 죽으라고 베를 짰는지 궁금하지 않니? 한번 들어보렴.

강원도 영월 산골에 한 처녀가 살았대. 처녀 부모는 외동딸을 아주 예뻐했단다. 바쁜 농사철에도 떡이 먹고 싶다 하면 떡을, 감주가 먹고 싶다 하면 얼른 감주를 해주었다는 구나. 그러니 처녀는 무슨 걱정이 있었겠어. 아주 행복하게 살

앉던 거지.

처녀가 열일곱이 되던 해였어. 이사를 가게 되었지. 어디로 이사를 가게 되었냐 하면은 저 멀리 경주라는 곳이었단다. 음 그곳이 처녀 아버지의 고향이었거든. 일제강점기라고 아주 살기 어려운 때가 있었는데 그때 처녀 부모는 일본 사람들을 피해 강원도까지 갔었던 거였어. 해방이 되어 일본 사람들이 도망가자 고향 사람들로부터 서당훈장을 맡아달라는 연락이 왔단다. 그래서 고향으로 내려가게 되었던 거지. 아 참 처녀 아버지는 원래 서당 훈장이었단다.

그런데 고향에 도착하던 날, 처녀 아버지가 그만 쓰러지고 말았다지 뭐니. 돈을 넣은 상자를 이삿짐 속에 깊숙이 감추었는데 그것을 아무리 찾아봐도 보이지 않았던 거지. 도둑을 맞은 거였어. 그제야 소달구지에 있던 짐을 기차에 옮겨 실을 때 친절하게 도와줬던 낯선 사람의 행동이 생각났던 거야. 땅을 치고 후회해도 소용없었지. 전 재산을 몽땅 잃어버렸으니 말 그대로 알거지가 되어버린 거였어. 몸져누워버린 처녀 아버지는 시름시름 앓다가 돌아가시고 말았어.

그런 딱한 사정을 알고 있던 이웃 어른 한 분이 처녀 중매를 했어. 처녀 집을 도와줄 수 있는 넉넉한 집에다가 말이다. 그 덕에 처녀는 시집을 가면서 친정집에 살림을 많이 보태 주게 된 거지. 시집을 갔으니 처녀는 이제 새댁이 된 거고.

하지만 새댁의 시집살이는 혹독했어. 왜냐면은 좋은 가문과 사돈을 맺을 거라고 기대했던 시어머니가 너무도 속이 상했던 거야. 살림까지 보태주어야 하는 집 딸, 그것도 맏며느리로 들였으니 그 화풀이를 며느리인 새댁한테 하게 된 거지. 마음에 들지 않으면 시어머니가 그 처녀와 결혼을 못하게 말리지 왜 가만있었느냐고? 옛날에는 갓 쓴 남자 어른들이 만나 술상을 마주하고서는 자기네들끼리 혼사 결정을 했었단다. 결혼할 당사자들에게 물어보지도 않고 말이다. 참 이해하기 어렵겠지만 옛날에는 그랬어.

새댁이 아무리 애써서 집안일을 해도 시어머니는 도무지 며느리가 마음에 들지 않았어. 생각할수록 자꾸 며느리가 미워졌어. 엎친 데 덮친 격으로 새댁의 남편이 그만 집을 나가버리고 말았어. 그런 시끄러운 집안이 싫었던 거지. 그러자 시어머니의 구박은 더 심해졌던 거야. 그 모든 탓을 며느리 잘못 들어온 걸로 몰아붙였던 거지. 그러니 어쩌겠어. 새댁은 죄인처럼 살 수밖에. 새벽부터 밤늦게까지 죽으라고 일만 하며 살았단다.

그러던 어느 날 밤, 새댁이 눈물을 펑펑 쏟으며 울었어.

일은 고되고 남편은 소식도 없고 하니 하루하루가 얼마나 힘들었겠어. 차라리 강물에 빠져 죽어버릴 거라며 그날도 몰래 강둑까지 갔다가 차마 그러지 못하고 돌아온 후였으니 더 서러웠을 거야. 한참을 울다 지쳐 잠이 들었어. 그런데 그리도 보고 싶었던 아버지를 만난 거야. 아버지의 소매를 잡고 서럽게 우니 인자하신 얼굴로 말씀하셨어.

"애야! 미안하고 미안하구나. 울고 싶을 때마다 베를 짜거라. 참고 견디다 보면 분명히 좋은 날이 온단다. 이 애비 말을 꼭 명심하거레이."

흠칫 놀라 일어나니 꿈이었어. 문살이 환하기에 방문을 열자 보름달이 마당을 가득 비추고 있었단다. 칠월 보름, 그날이 친정아버지의 제삿날이었던 거야. 시집살이 하느라 제삿날도 깜박 잊고 있었던 거지.

그 후부터 색시는 아버지가 시키는 대로 울고 싶을 땐 베를 짰단다. 낮이고 밤이고 시간만 나면 베틀에 앉았대. 베를 짜는 동안은 아버지가 옆에 있는 것만 같아 편안했단다. 노래까지 흥얼거리게 되었다지 뭐니. 그런 색시의 부지런한 모습에 시어머니의 마음도 조금씩 누그러지기 시작했단다. 그러자 집 나갔던 남편도 돌아오게 되었던 거고. 새댁이 세 아들까지 연달아 낳자, 시부모님들이 좋아하셨다는구나. 그제야 새댁도 며느리로 인정을 받게 된 거지. 정말로 다행이지? 머리가 희끗해져서야 새댁은 시어머니의 온전한 사랑을 받게 되었고, 가고 싶은 친정도 마음대로 다니며 행복하게 잘 살았단다.

외손녀를 재워놓고 오랜만에 사진첩을 넘겨보는데 흑백사진 속 시어머니가 환하게 웃고 계셨다. 무릎 위엔 모시베 두루마리를 반쯤 펼쳐놓은 채다. 가슴이 싸하다. 발 고운 모시 베처럼은 못 되더라도 구멍 난 삶은 되지 않으려 베를 짜듯 평생을 인내로 살다 가신 분이다.

집

"저 집이 저래 비도 참 좋았디라. 저 아래채가 우리 집 살림을 마이 이라 주었제."

당장 허물어 버려도 아쉬울 것 하나 없어 보이는 허름한 집 앞에서 당신의 노부모를 바라보듯 아버님이 아련해 한다. 사람의 입김이 끊어진 지 오래된 듯 방문은 아래 돌쩌귀를 겨우 잡고 비스듬히 매달려 있거나 아예 떨어져 나갔다. 큰방, 작은방, 외양간 등 모두가 굴 입구 같다. 집의 기둥과 서까래도 엉킨 거미줄 사이로 푸석하다. 슬레이트 지붕위에는 긴 세월을 함께했을 살구나무가 굵은 삭정이 한 가지를 비스듬히 걸치고 있다.

오전, 홀로 계시는 시골 시아버님께 들렀을 때다. 거실 중앙에는 윤기 없는 김치 한 종지와 막걸리 병을 얹은 상이 졸 듯 앉아 있었다. 손님이 왔다 갔느냐는 나의 물음에 푸념하듯 중얼거리셨다.
 "손님은 무신 손님, 다 사그라져는 늙은이한테 찾아올 사람이 어디 있겠노."
 술기운이 묻은 흐릿한 말 속에 적적함이 가라앉아 있었다. 얼마 전에 뵀을 때보다 더 구부정한 뒷모습을 보는 순간, 스러져가는 시골의 빈집을 보는 것 같았다. 그저 들판을 지나가는 사람이나 차들을 내려다보며 술잔을 기울이셨나 보다. 가까이서 끔찍이 챙겨주던 당신의 누님은 몇 년 전에 돌아가셨고 자식들은 다들 멀리 있으니 팔순의 노인네를 들여다볼 사람은 드물었다. 전화마저 통한 지 한참 된 듯 이런저런 서울 형제들 소식을 내게 물었다.
 술기운이 돌면 무용담처럼 늘어놓던 지난 시절의 이야기를 오늘은 하지 않았다. 진저리치며 하던 일제 강점기 때의 이야기도 까마득히 잊어버린 듯 말이 없었다. 비스듬히 접힌 바지 아랫단 아래에 육이오 때 맞은 종아리의 총알 흉터만이 한껏 찡그린 채 할 말을 꾹 참고 있었다. 술상 옆에는 매일 아버님의 손에 시달렸을 화투장이 가지런히 담요 위에 놓여있고 TV에는 늘씬한 대학생들이 게임을 하느라 시끌시끌했다. 내가 주방을 치우고 욕실 청소를 할 동안 아버님은 창밖만 물끄러미 바라보셨다. 살아남기 위해 투쟁으로 버틴 지난날을 무용담으로 위로해 보는 것마저 이젠 덧없는 일로 여겨진 것일까. 굽은 어깨 위의 낮은 시선은 돌아올 수 없는 푸른 시절을 그려보는 듯 먼 곳을 향하고 있었다.

바람이라도 쐬러 가자는 며느리의 말에 별 관심 없어 하던 다른 날과는 달리 선뜻 그러자면서 고향에 가보고 싶다고 하셨다. 아버님의 안태 고향은 시댁에서 그리 멀지 않은, 거실에서도 고향 쪽의 골짜기 입구가 훤히 보이는 곳이었다. 마음만 먹으면 반나절 만에라도 다녀올 수 있는 거리이건만, 그동안 그리 갈 일도 자주 없었고 또 하도 고생한 곳이라 가보고 싶지도 않았다고 했다. 칠남매 맏이로 태어나서 자갈밭 삼백 평으로 살림을 꾸려왔으니 오죽 고생을 하셨을까. 동네일이라면 맨 앞장으로 나서면서도 집안일은 아예 거들떠보지도 않은, 살림에 전혀 도움이 되지 못한 당신의 아버지였다 하셨으니. 어릴 적부터 근검절약이 몸에 밴, 돈이 된다면 닥치는 대로 일에 달려들어 보는 뚝심 하나로 세상을 버텨온 당신이었다.

아버님의 고향인 산골 동네 입구에 들어서자 봄을 한껏

느낄 수 있었다. 집들 사이를 비집고 우뚝 선 살구나무가 환한 모습으로 반겼다. 아버님은 차 안에서 지나가는 집을 찬찬이 바라봤다. 동네 제일 위쪽에 이르자 다급한 음성으로 '잠깐 잠깐'이라는 말을 반복했다. 놀라 차를 세우자 바로 옆 오른 쪽 집을 가리키며 당신이 태어나서 장가가기 전까지 살았던 집이라고 했다. 혹시나 허물어 버렸을까 노심초사하셨는지 그 집을 보자 여간 반가운 기색이 아니었다.

아버님이 손짓하고 있는 곳은 양옥으로 깔끔하게 지어진 안채 옆, 안채와 기역자를 이루고 있는 곧 허물어질 것 같은 삼 칸짜리 아래채였다. 집 안으로 한번 들어가 보자는 나의 재차 말에도 몸이 귀찮으신지 아버님은 선뜻 차에서 내리시지 않고 차의 유리를 더 내려달라 하셨다. 옛 시절로 빠져드는지 한참 동안 말이 없었다. 나도 운전대에 두 팔을 얹고 앞으로 몸을 비스듬히 기댄 채 그쪽을 물끄러미 바라보았다. 지난 시간의 줄기를 슬슬 끌어당기자 기울어진 집이 몸을 바로 세우고 어깨에 쌓인 먼지를 툭툭 털어내었다. 구석구석 거미줄마저 말끔하게 걷혔다.

처마 밑 앉은뱅이 굴뚝에서 연기가 몽글몽글 오른다. 외양간에는 타닥타닥 아궁이의 솔가지 타는 소리가 난다. 구유에 머리를 들이대고 여물을 찾던 암소가 '푸우' 입김을 내뱉고는 몇 덩이의 쇠똥을 척척 바닥에 쌓는다. 이어 쏴 오줌도 쏟아놓는다. 아이들로 연신 쿵덕거리던 방에서 방문이 펄떡 열리더니 대여섯 살쯤 돼 보이는 머슴애가 씩씩거리며 맨발로 튀어나온다. 중년의 여자는 늦둥이를 안고 젖을 물린 채 나뭇단을 팔고 들어오는 맏아들을 위해 콩죽을 끓인다.

해가 갈수록 헛간엔 곡식이 쌓이고 외양간의 소도 늘어간다. 초가지붕은 새 짚으로 도톰하고 벽은 황토로 붉으며 축담 위의 댓돌은 칠남매의 발꿈치로 반들거린다.

"차암 지게도 마이 지고 했다라. 먹을 꺼는 넉넉찮고 동생들은 줄줄이 있는데 아부지는 그저 술이나 좋아하고 일을 몰랐으이 어매와 맏이인 내가 일을 마이 했제. 언제 한번 우리 동생들 배불리 먹여볼꼬 싶었다. 남의 집 일도 얼마나 했던지 어깨가 하도 따가버서 한 날은 어매한테 '지게 끈에다 속케 두툼하게 너어가 푹신하게 해주면 조켔다'고 카이 어디 가서 속케를 구했는지 그케 만들어주더라. 그래가 새들논도 사고 뒷골 밭도 사고 했다라. 너거한테 이전해 준 그 밭도 그때 산 거더라."

아버님의 말소리에 앞으로 기대었던 몸을 일으킨다. 한때는 송진 냄새 물씬 풍겼을 기둥과 서까래를 생각해본다.

거친 비바람과 맞서며 한 가족의 따뜻한 보금자리가 되어준 아래채다. 댓돌이 반질거리도록 드나들던 발자국의 주인공은 다들 어디로 갔는지. 시절의 태풍을 온몸으로 버티며 견뎌온, 쓸쓸한 아래채 같은 모습의 아버님이 뒷좌석에서 느리게 몇 마디를 보내온다.

"저 집이 우리 집 살림을 마이 이라줬는데……."

룸미러로 슬쩍 뒷자리를 살펴보자 아버님은 회상에 잠긴 채 당신의 빈집을 보고 계셨다. 짠했다.

'아버님이야말로 진정 우리의 집이셨던 걸요.'

근원을 맛보다

바이칼 알혼섬, 남부 투어 중이었다. 가이드 겸 지프차 기사는 몽골인을 닮은 러시아 남자였다. 먼지를 날리며 여기저기 구경시켜 주던 그가 숲이 보이는 아늑한 곳에 우리 일행 (중국인 세 명, 한국인 네 명)을 내려놓았다. 평범한 골짜기였다.

'여기에 뭐가 있지?'

두리번거리는 우리를 보더니 그가 팔을 뻗어 집게손가락으로 산 쪽을 가리켰다. 우리 네 명은 우르르 길도 없는 산을 기어올랐다. 이 산 너머에 멋진 모습이 있나 보다 하면서 동작이 늦은 중국인을 채근하려 아래를 내려다봤다. 그런데 중국인 두 여자가 산 아래 풀숲에서 엉덩이를 허옇게 내놓고 볼일을 보는 것이었다. 아 또 잘못 알아들었구나. 중국인 여자가 화장실을 물었고, 그래서 기사가 산기슭에서 대충 해결하라고 그쪽을 가리킨 모양이다. 멋쩍었다. 낯선 꽃이라도 찾으려 산을 오른 것처럼 허리를 굽혀 어정거리다가 우리는 슬며시 내려왔다.

우리는 긴장하며 기사의 다음 손짓을 기다렸다. 이번에는 오솔길이 있는 앞쪽 골짜기를 가리켰다. 그러면서 엄지를 치켜세웠다. 굉장한 볼거리가 있나 보다. '아아' 소리와 함께 우리는 고개를 끄덕였다. 다들 이해했다 싶은지 기사는 손가락 두 개를 펴 세게 흔들고는 자기 쪽으로 오라는 시늉을 해보였다. 우리는 '음음' 했다. 두 시간만 놀다가 돌아오라는 것임을 제대로 알아차린 것이다.

아줌마 넷의 러시아 배낭여행은 에피소드 나날이었다. 러시아어는커녕 영어도 몇 마디 못하는 사람들이었으니 예견된 일이었다. 언어 소통이 어려운 곳을 십여 일이나 돌아다니다 보니 어느 정도 눈치가 발달했다. 말로 통할 수 없자 그동안 잠자고 있던 원시의 몸짓이 슬슬 깨어나고 있었던 것이다.

기사가 가리킨 숲속 길을 따라 한 줄로 걸어갔다. 이방인과 함께 걷는 낯선 길, 어쩌면 우리의 삶 자체일지도 몰랐다. 오십 후반과 육십 중반의 중국인 두 여자는 자매간이었고, 남자는 오십 후반 여자의 남편이었다. 남자가 한 명 있으니 참으로 든든했다. 우두커니 파란 하늘을 쳐다보다가 뒤덮인 원시림 속에서 차례로 볼일을 보기도 했다. 천지로 깔린 와송 순이 기특해 아예 퍼질러 앉아 들여다보기도 했다. 그럴 때마다 서투른 영어보다 몸 언어가 훨씬 편했다.

"어어, 우 ~우 ~"

중국인 여자의 손짓을 따라 위를 올려다봤다. 파란 하늘에 뭉게구름이 뭉실뭉실 피어오르고 있었다. 우리는 고개를 쳐들고 팔을 크게 벌려 '아 ~아 ~' 감탄사를 연발하다가 같이 박수를 쳤다. 여섯 명의 여자들이 '우 ~우 ~, 어 ~어 ~'라는 소리에 골짜기가 웅웅 울렸다.

중국인들을 만난 것은 알혼섬 투어 첫날인, 어제였다. 북부투어를 위해 예약한 지프차에 올랐을 때다. 먼저 차에 올라앉은 사람들에게 차례로 인사를 했다.

"안녕하세요. 안녕하세요."

"……"

썰렁했다. 한국인 같아 인사를 건네면 중국인일 때가 많았는데 역시였다. 편안했던 마음이 순간 답답해졌다. 차 내엔 한 명의 러시아인, 세 명의 중국인, 네 명의 한국인이었다. 러시아인과는 아예 불통이고, 중국인과는 숨 막혀 죽지 않을 만큼 영어로 소통되었다. 차라리 손짓, 발짓, 눈짓이 편했다. 한 차에 앉았지만, 보이지 않은 유리벽을 사이에 둔 것 같았다. 어떻게 하루를 같이 지낼 것인가.

"혹시 흉을 하더라도 얼굴은 웃으면서 ……. 옆에 이 남자와 이리 돼지 같노. 하하하."

"그케 말이니더. 저그들 좋은 자리 다 차지하고, 양심이라곤 눈꼽만치도 없데이. 하하하."

우리가 와르르 웃음을 쏟아내자 뭔지 모르면서 그들도 큰소리로 웃었다.

조용하던 운전기사가 입을 나불거리며 손을 들어 오른쪽을 가리켰다. 앞에서 '와우' 했다. 우리도 덩달아 '와~' 했다.

"저 앞에 뭐가 있덩교?"

"몰라요. 나도 아직 못 봤심더."

그제야 미끈하게 생긴 야생말이 떼를 지어 산으로 뛰어가는 것이 보였다. '우와' 이번엔 우리가 소리쳤다. 놓친 광경이라도 있었나 싶은지 앞자리의 그들이 목을 빼고 뒤돌아 봤다.

차에서 내리라면 내리고 기사의 손가락 숫자를 보며 우

린 머물 시간을 알아차렸다. 기사와의 약속 시간을 확실하게 이해 못 했을 땐 중국인에게 손가락을 펴가며 재차 확인했다.

일행은 상대가 웃으면 따라 웃고 탄성을 지르면 같이 탄성을 질렀다. 서로 사진도 찍어주었다. 중국인 남자는 아내와 처형을 찍어주다가도 우리가 부탁하면 웃으며 응해줬다. 나중엔 중국인 여자와 어울려 찍기도 했다. 말보다 더 진한 소통에 깊은 정을 느꼈던지 남부투어도 같이 하자고 그들이 우리에게 먼저 제의해온 것이었다.

섰다가 걷다가 풀을 깔고 앉아 간식을 꺼내먹는 등 그렇게 삼십여 분 정도 숲길을 걸었을 때였다. 앞서가던 남자가 앞을 보라고 손짓했다. 끝없는 바이칼 호수가 은빛으로 반짝이고 있었다. '와' 소리를 지르며 여자들은 우르르 호숫가로 몰려갔다. 해변은 시골 학교 작은 운동장만 했다.

관광객은 우리뿐이었다. 아무도 밟지 않은 시원의 땅에 닿은 기분이었다. 바람이 시원하게 가슴을 파고들었다. '이 아름다운 광경을 함께 보다니' 우리는 얼떨결에 만세를 불렀다. 기대어 앉아 사진을 찍고 어깨동무하고도 찍었다. 서로 손을 잡은 채 아예 몽돌 위에 큰대자로 드러누웠다. 손짓 발짓으로 얘기하며 쭈그리고 앉아 같이 부추를 뜯고, 천지로 올라오는 산자락의 와송을 보며 탄성을 지르고, 노랗게 물든 자작나무 숲속에서 주고받았던 노래들, 그 시간들이 찐득하게 몰려왔다.

베개만 한 몽돌을 베고 한 마음이 된 여자들은 누운 채 노래를 불렀다. 바위에 부딪친 물이 바람에 날리어 얼굴에 뿌려졌다. 누군가 아리랑을 불렀다. 여러 음색이 합세했다.

손을 잡은 채 모두 일어섰다. 목이 터져라 노래를 불렀다. 다들 목 힘줄이 선명했다. 원시인이 이러했을까. 노래라기보다 고함이었다. 둥글게 손을 잡고 빙글빙글 돌았다. 몽돌에 걸려 넘어지면 옆 사람이 당겨 올렸다. 아리랑인지 에델바이스인지 뒤엉킨 음률은 회오리로 솟아올랐다. 전율이 일었다. 바람과 물, 자연으로서의 인간, 그 태곳적으로 돌아가는 순간이었다.